1+X 职业技能鉴定考核指导手册

U0822181

油漆工

五级

编审委员会

主　　任　仇朝东

委　　员　葛恒双　顾卫东　宋志宏　杨武星　孙兴旺
　　　　　刘汉成　葛　玮

执行委员　孙兴旺　张鸿樑　李　晔　瞿伟洁

中国劳动社会保障出版社

图书在版编目(CIP)数据

油漆工：五级/上海市职业培训研究发展中心组织编写. —北京：中国劳动社会保障出版社，2011

1+X职业技能鉴定考核指导手册

ISBN 978-7-5045-8941-5

Ⅰ.①油… Ⅱ.①上… Ⅲ.①建筑工程-涂漆-职业技能-鉴定-自学参考资料 Ⅳ.①TU767

中国版本图书馆CIP数据核字(2011)第035184号

中国劳动社会保障出版社出版发行

(北京市惠新东街1号 邮政编码：100029)

出 版 人：张梦欣

*

新华书店经销

北京地质印刷厂印刷 三河市华东印刷装订厂装订

787毫米×960毫米 16开本 9印张 146千字

2011年3月第1版 2011年3月第1次印刷

定价：16.00元

读者服务部电话：010-64929211/64921644/84643933

发行部电话：010-64961894

出版社网址：http://www.class.com.cn

版权专有 侵权必究

举报电话：010-64954652

如有印装差错，请与本社联系调换：010-80497374

前　言

职业资格证书制度的推行，对广大劳动者系统地学习相关职业的知识和技能，提高就业能力、工作能力和职业转换能力有着重要的作用和意义，也为企业合理用工以及劳动者自主择业提供了依据。

随着我国科技进步、产业结构调整以及市场经济的不断发展，特别是加入世界贸易组织以后，各种新兴职业不断涌现，传统职业的知识和技术也愈来愈多地融进当代新知识、新技术、新工艺的内容。为适应新形势的发展，优化劳动力素质，上海市人力资源和社会保障局在提升职业标准、完善技能鉴定方面做了积极的探索和尝试，推出了1＋X培训鉴定模式。1＋X中的1代表国家职业标准，X是为适应上海市经济发展的需要，对职业标准进行的提升，包括了对职业的部分知识和技能要求进行的扩充和更新。上海市1＋X的培训鉴定模式，得到了国家人力资源和社会保障部的肯定。

为配合上海市开展的1＋X培训与鉴定考核的需要，使广大职业培训鉴定领域专家以及参加职业培训鉴定的考生对考核内容和具体考核要求有一个全面的了解，人力资源和社会保障部教材办公室、中国就业培训技术指导中心上海分中心、上海市职业培训研究发展中心联合组织有关方面的专家、技术人员共同编写了《1＋X职业技能鉴定考核指导手册》。该手册由“理论知识复习题”“操作技能复习题”和“理论知识考试模拟试卷及操作技能考核模拟试卷”三大块内容组成，书中介绍了题库的命题依据、试卷结构和题型题量，同时从上海市1+X鉴定题库中抽取部分理论知识题、操作技能试题和模拟样卷供考生参考和练习，便于考生能够有针对性地进行考前复习准备。今后我们会随着国家职业标准以及鉴定题库的提升，逐步对手册内容进行补充和完善。

本系列手册在编写过程中，得到了有关专家和技术人员的大力支持，在此一并表示感谢。

由于时间仓促，缺乏经验，如有不足之处，恳请各使用单位和个人提出宝贵意见和建议。

1+X职业技能鉴定考核指导手册

编审委员会

目 录

CONTENTS 1+X职业技能鉴定考核指导手册

油漆工职业简介

一、职业名称

油漆工。

二、职业定义

使用工具、机具或手工，按设计要求对建筑物、构筑物及飞机、车、船等物体及其内部陈设和室内用品等的表面进行油漆装饰的施工人员。

三、主要工作内容

从事的工作主要包括：（1）建筑物内、外墙的普通装饰；（2）普通物面的涂饰及基础装饰工作；（3）高级建筑物、古建筑的涂饰及修缮工作。

第1部分

油漆工（五级）鉴定方案

一、鉴定方式

油漆工（五级）的鉴定方式分为理论知识考试和操作技能考核。理论知识考试采用闭卷计算机机考方式，操作技能考核采用现场实际操作方式。理论知识考试和操作技能考核均实行百分制，成绩皆达60分及以上者为合格。理论知识或操作技能不及格者可按规定分别补考。

二、理论知识考试方案（考试时间90 min）

题型＼题库参数	考试方式	鉴定题量	分值（分/题）	配分（分）
判断题	闭卷机考	60	0.5	30
单项选择题		70	1	70
小计	—	130	—	100

三、操作技能考核方案

考核项目表

职业（工种）名称		油漆工		等级	五级		
职业代码							
序号	项目名称	单元编号	单元内容	考核方式	选考方法	考核时间（min）	配分（分）
1	材料与工具准备	1	一般常用材料	操作	必考	40	20
		2	常用工具的使用	操作	必考	20	10
2	涂料调配	1	调配常用腻子	操作	抽一	90	30
		2	调配大白浆、石灰浆和虫胶漆	操作			
3	涂裱装饰	1	普通油性涂料的施工工艺	操作	抽一	150	40
		2	室内普通水乳性涂料的施工工艺	操作			
		3	一般壁纸的施工工艺	操作			
		4	普通玻璃的裁装施工工艺	操作			
合　计						300	100
备注							

第 2 部分

鉴定要素细目表

职业（工种）名称					油漆工	等级	五级
职业代码							
序号	鉴定点代码				鉴定点内容		备注
	章	节	目	点			
	1				相关知识		
	1	1			建筑识图		
	1	1	1		建筑识图的基本知识		
1	1	1	1	1	图线的名称		
2	1	1	1	2	图线的线型		
3	1	1	1	3	图线的线宽		
4	1	1	1	4	图线的用途		
5	1	1	1	5	字体		
6	1	1	1	6	比例的大小		
7	1	1	1	7	比例的用途		
8	1	1	1	8	剖切符号		
9	1	1	1	9	索引和详图符号		
10	1	1	1	10	其他符号		
11	1	1	1	11	定位轴线的编号顺序		
12	1	1	1	12	定位轴线的符号		
13	1	1	1	13	图样上的尺寸标注		
14	1	1	1	14	图样上的尺寸标注的单位		

续表

职业（工种）名称					油漆工	等级	五级
职业代码							
序号	鉴定点代码				鉴定点内容	备注	
	章	节	目	点			
15	1	1	1	15	半径、直径和球的尺寸标注		
16	1	1	1	16	标高尺寸标注的概念		
17	1	1	1	17	标高尺寸标注的符号和数字		
18	1	1	1	18	坡度的尺寸标注		
19	1	1	1	19	常用图例与构配件的代号		
	1	1	2		房屋建筑施工图及其阅读方法		
20	1	1	2	1	阅读建筑施工图的一般方法		
21	1	1	2	2	总平面图及其阅读		
22	1	1	2	3	建筑总说明及其阅读		
23	1	1	2	4	建筑平面图及其阅读		
24	1	1	2	5	建筑立面图及其阅读		
25	1	1	2	6	建筑剖面图及其阅读		
26	1	1	2	7	建筑施工详图及其阅读		
	1	2			房屋构造		
	1	2	1		一般民用建筑的构造		
27	1	2	1	1	基础		
28	1	2	1	2	墙和柱		
29	1	2	1	3	楼板、地面		
30	1	2	1	4	楼梯		
31	1	2	1	5	屋面		
32	1	2	1	6	门和窗		
	2				材料与工具		
	2	1			一般常用材料		
	2	1	1		涂料		
33	2	1	1	1	涂料概述		
34	2	1	1	2	涂料主要成膜物质——油料		

续表

职业（工种）名称					油漆工	等级	五级
职业代码							
序号	鉴定点代码				鉴定点内容		备注
	章	节	目	点			
35	2	1	1	3	涂料主要成膜物质——树脂		
36	2	1	1	4	涂料次要成膜物质——着色颜料		
37	2	1	1	5	涂料次要成膜物质——防锈颜料		
38	2	1	1	6	涂料次要成膜物质——体质颜料		
39	2	1	1	7	涂料辅助成膜物质——油性溶剂		
40	2	1	1	8	涂料辅助成膜物质——树脂溶剂		
41	2	1	1	9	涂料辅助成膜物质——辅助材料		
42	2	1	1	10	涂料的分类		
43	2	1	1	11	涂料的命名		
44	2	1	1	12	涂料的编号		
45	2	1	1	13	涂料的油性品种		
46	2	1	1	14	涂料的树脂品种		
47	2	1	1	15	涂料的油性性能		
48	2	1	1	16	涂料的树脂性能		
49	2	1	1	17	涂料的油性用途		
50	2	1	1	18	涂料的树脂用途		
51	2	1	1	19	涂料的保管		
	2	1	2		腻子		
52	2	1	2	1	腻子的概念		
53	2	1	2	2	常用填充料的品种		
54	2	1	2	3	常用填充料的性能和用途		
55	2	1	2	4	常用胶粘材料的品种		
56	2	1	2	5	常用胶粘材料的性能和用途		
57	2	1	2	6	其他材料		
	2	1	3		玻璃、镶嵌材料		
58	2	1	3	1	玻璃的基本知识		

续表

职业（工种）名称					油漆工	等级	五级
职业代码							
序号	鉴定点代码				鉴定点内容		备注
	章	节	目	点			
59	2	1	3	2	玻璃的分类		
60	2	1	3	3	玻璃的品种		
61	2	1	3	4	玻璃的性能		
62	2	1	3	5	玻璃的适用范围		
63	2	1	3	6	镶嵌材料——油灰		
64	2	1	3	7	其他镶嵌材料		
	2	1	4		壁纸与胶粘剂		
65	2	1	4	1	壁纸概述		
66	2	1	4	2	壁纸按材质分类		
67	2	1	4	3	塑料壁纸的分类		
68	2	1	4	4	塑料壁纸的材质要求		
69	2	1	4	5	塑料壁纸的技术性能		
70	2	1	4	6	胶粘剂概述		
	2	1	5		其他材料		
71	2	1	5	1	磨光剂与上光剂		
72	2	1	5	2	砂纸（布）的分类		
73	2	1	5	3	砂纸（布）的品种		
74	2	1	5	4	砂纸（布）的性能与用途		
	2	2			一般常用工具		
	2	2	1		涂料施工的常用工具		
75	2	2	1	1	油漆刷的规格与用途		
76	2	2	1	2	油漆刷的选择与保管		
77	2	2	1	3	油漆刷的使用		
78	2	2	1	4	排笔的规格与用途		
79	2	2	1	5	排笔的选择与保管		
80	2	2	1	6	排笔的使用		

续表

职业（工种）名称					油漆工	等级	五级
职业代码							
序号	鉴定点代码				鉴定点内容		备注
	章	节	目	点			
81	2	2	1	7	其他刷或笔		
82	2	2	1	8	嵌批工具——铲刀		
83	2	2	1	9	嵌批工具——刮板		
84	2	2	1	10	辊具的分类和作用		
85	2	2	1	11	辊具的用途和保管		
86	2	2	1	12	除锈工具的分类和作用		
87	2	2	1	13	除锈工具的用途和保管		
	2	2	2		裁装门窗玻璃常用的工具		
88	2	2	2	1	裁门窗玻璃常用的尺		
89	2	2	2	2	裁门窗玻璃常用的玻璃刀		
90	2	2	2	3	裁门窗玻璃常用的钻孔机和开槽机		
91	2	2	2	4	裁门窗玻璃的其他工具		
92	2	2	2	5	装门窗玻璃常用的刀		
93	2	2	2	6	装门窗玻璃的其他工具		
	2	2	3		裱糊壁纸常用的工具及手工工具		
94	2	2	3	1	裱糊壁纸常用的铲刀、刀和尺		
95	2	2	3	2	裱糊壁纸常用的工作台、刮板与滚筒		
96	2	2	3	3	裱糊壁纸常用的其他工具		
97	2	2	3	4	手工工具——铜丝箩		
98	2	2	3	5	合梯		
99	2	2	3	6	托板、打磨木板、底盘与滚网		
100	2	2	3	7	其他		
	3				调配		
	3	1			腻子的调配		
	3	1	1		常用腻子的调配		
101	3	1	1	1	石膏油腻子		

续表

职业（工种）名称					油漆工	等级	五级
职业代码							
序号	鉴定点代码				鉴定点内容	备注	
	章	节	目	点			
102	3	1	1	2	胶油腻子		
103	3	1	1	3	胶粉腻子		
104	3	1	1	4	虫胶漆腻子		
105	3	1	1	5	水粉腻子		
106	3	1	1	6	油粉腻子		
107	3	1	1	7	血料腻子		
108	3	1	1	8	成品腻子		
109	3	1	1	9	其他常用腻子		
	3	2			常用涂料的调配		
	3	2	1		大白浆、石灰浆和虫胶漆的调配		
110	3	2	1	1	大白浆的调制		
111	3	2	1	2	大白浆的配比		
112	3	2	1	3	大白浆的性能和用途		
113	3	2	1	4	石灰浆的调制		
114	3	2	1	5	石灰浆的配比		
115	3	2	1	6	石灰浆的性能和用途		
116	3	2	1	7	虫胶漆的调制		
117	3	2	1	8	虫胶漆的配比		
118	3	2	1	9	虫胶漆的性能和用途		
	4				涂裱装饰		
	4	1			普通油性涂料施工工艺		
	4	1	1		木门窗铅油、调和漆（混色漆）施涂工艺顺序及工艺要点、注意事项		
119	4	1	1	1	基层处理、施涂清油和打磨		
120	4	1	1	2	嵌批腻子和打磨		
121	4	1	1	3	复补腻子和打磨		

续表

职业（工种）名称					油漆工	等级	五级
职业代码							
序号	鉴定点代码				鉴定点内容		备注
	章	节	目	点			
122	4	1	1	4	施涂铅油和打磨		
123	4	1	1	5	施涂面漆（浅色两遍，深色一遍）		
124	4	1	1	6	注意事项		
125	4	1	1	7	分色漆与混色漆的区别及注意事项		
	4	1	2		木门窗施涂工艺顺序及工艺要点、注意事项		
126	4	1	2	1	基层处理、抹水老粉、施涂底油		
127	4	1	2	2	打磨与嵌批腻子		
128	4	1	2	3	打磨、复补腻子及过水		
129	4	1	2	4	拼色和修色、施涂第一遍清漆		
130	4	1	2	5	打磨过水、施涂第二遍清漆		
131	4	1	2	6	操作注意事项		
	4	1	3		旧木门窗施涂工艺顺序及工艺要点、注意事项		
132	4	1	3	1	基层处理（混色及清色）、酒精擦洗		
133	4	1	3	2	嵌批腻子		
134	4	1	3	3	施涂底漆和面漆及其注意事项		
	4	1	4		木地板混色漆施涂工艺顺序及工艺要点、注意事项		
135	4	1	4	1	基层处理		
136	4	1	4	2	施涂清油		
137	4	1	4	3	打磨、满批一至两遍腻子		
138	4	1	4	4	打磨与复补腻子、打磨与施涂铅油		
139	4	1	4	5	打磨与施涂地板漆及其注意事项		
	4	1	5		木地板清色漆施涂工艺顺序及工艺要点、注意事项		
140	4	1	5	1	基层处理		
141	4	1	5	2	施涂清油		
142	4	1	5	3	打磨与嵌批腻子、打磨与复补腻子		
143	4	1	5	4	打磨与施涂底漆、打磨与施涂面漆及其注意事项		

续表

职业（工种）名称					油漆工	等级	五级
职业代码							
序号	鉴定点代码				鉴定点内容	备注	
	章	节	目	点			
	4	1	6		木质顶棚面施涂工艺顺序及工艺要点、注意事项		
144	4	1	6	1	基层处理、施涂清油		
145	4	1	6	2	打磨与嵌批腻子、打磨与复补腻子、打磨与施涂底漆		
146	4	1	6	3	打磨与施涂面漆及其注意事项		
	4	1	7		钢门窗铅油、调和漆施涂工艺顺序及工艺要点、注意事项		
147	4	1	7	1	基层处理		
148	4	1	7	2	施涂防锈漆		
149	4	1	7	3	嵌批腻子		
150	4	1	7	4	打磨、施涂底漆		
151	4	1	7	5	施涂面漆		
152	4	1	7	6	操作注意事项		
	4	1	8		镀锌铁皮表面施涂工艺顺序及工艺要点、注意事项		
153	4	1	8	1	基层打磨、擦油污、施涂一遍磷化底漆		
154	4	1	8	2	施涂一遍锌黄醇酸底漆、嵌批腻子		
155	4	1	8	3	打磨、施涂面漆		
156	4	1	8	4	操作注意事项		
	4	1	9		抹灰面铅油、调和漆施涂工艺顺序及工艺要点、注意事项		
157	4	1	9	1	基层处理、施涂淡熟血料水或清油打底		
158	4	1	9	2	嵌批腻子		
159	4	1	9	3	打磨、施涂淡熟血料水或清油打底		
160	4	1	9	4	施涂第二遍铅油		
161	4	1	9	5	施涂面漆		
162	4	1	9	6	操作注意事项、主要工具的使用		
163	4	1	9	7	安全注意事项		

续表

职业（工种）名称					油漆工	等级	五级
职业代码							
序号	鉴定点代码				鉴定点内容		备注
	章	节	目	点			
	4	2			室内普通水乳性涂料的施工工艺		
	4	2	1		涂刷和喷涂石灰浆的操作工艺顺序及工艺要点、注意事项		
164	4	2	1	1	涂刷石灰浆的基层处理与操作工艺顺序		
165	4	2	1	2	涂刷石灰浆的操作工艺要点		
166	4	2	1	3	喷涂石灰浆的施工准备——基层清理和嵌补缝隙		
167	4	2	1	4	喷涂石灰浆的操作注意事项		
	4	2	2		室内涂刷大白浆和803内墙涂料的操作工艺顺序及工艺要点、注意事项		
168	4	2	2	1	室内涂刷大白浆和803内墙涂料的基层处理		
169	4	2	2	2	嵌补缝隙、打磨、满批腻子		
170	4	2	2	3	复补腻子、打磨、涂刷涂料		
171	4	2	2	4	操作注意事项		
	4	2	3		室内外乳胶漆的施工工艺顺序及工艺要点、注意事项		
172	4	2	3	1	室内乳胶漆基层处理、涂刷底胶、嵌补腻子		
173	4	2	3	2	满批腻子、刷涂或滚涂		
174	4	2	3	3	操作注意事项		
175	4	2	3	4	室外乳胶漆基层处理、嵌补腻子		
176	4	2	3	5	满批腻子、刷涂或滚涂		
177	4	2	3	6	操作注意事项		
	4	3			壁纸的施工工艺		
	4	3	1		一般壁纸的施工工艺顺序及工艺要点、注意事项		
178	4	3	1	1	施工准备		
179	4	3	1	2	基层处理		
180	4	3	1	3	嵌批腻子		
181	4	3	1	4	刷底胶或底油		

续表

职业（工种）名称					油漆工	等级	五级
职业代码							
序号	鉴定点代码				鉴定点内容	备注	
	章	节	目	点			
182	4	3	1	5	裱糊壁纸的裁割和胀缩		
183	4	3	1	6	壁纸的墙面裱糊		
184	4	3	1	7	壁纸的顶面裱糊		
185	4	3	1	8	操作注意事项		
	4	4			普通玻璃的裁装施工工艺		
	4	4	1		普通玻璃的裁装施工工艺顺序及工艺要点		
186	4	4	1	1	施工准备		
187	4	4	1	2	裁划玻璃的玻璃刀的使用		
188	4	4	1	3	裁划玻璃		
189	4	4	1	4	玻璃安装（钢木门窗的油灰）		
190	4	4	1	5	压条和天窗玻璃安装		
191	4	4	1	6	注意事项——准备工作		
192	4	4	1	7	注意事项——安装玻璃		
193	4	4	1	8	质量标准		
194	4	4	1	9	常见质量问题及其防止		
195	4	4	1	10	安全注意事项		
	4	4	2		玻璃磨边工艺		
196	4	4	2	1	玻璃磨边法		
	4	4	3		玻璃的运输与保管		
197	4	4	3	1	玻璃的运输		
198	4	4	3	2	玻璃的保管		
	4	5			安全知识		
	4	5	1		一般安全知识		
199	4	5	1	1	一般安全知识要点		
	4	5	2		防火、防毒安全知识		
200	4	5	2	1	防火、防毒安全知识要点		

第3部分

理论知识复习题

相关知识

一、判断题（将判断结果填入括号中。正确的填“√”，错误的填“×”）

1. 建筑施工图上所画的图形是由各种不同的图线组成的。（ ）

2. 粗实线表达的是主要可见轮廓线和剖切符号线等。（ ）

3. 0.5b 细实线表达的是可见轮廓线和图例线等。（ ）

4. 点画线中，细点画线表达的是可见轮廓线和剖切符号线。（ ）

5. 施工图上所需书写的文字、数字或符号等必须用黑墨水书写，均应笔画清晰、字体工整、排列整齐。（ ）

6. 施工图上的比例应为图形与实物相对应的线条尺寸之比。（ ）

7. 当一张图样中的各图只用一种比例时，也可以把该比例统一书写在图样标题栏内。（ ）

8. 剖切符号包括剖面剖切符号和断面剖切符号。（ ）

9. 索引符号用于索引施工图样中的某一局部或构件，需另见详图。（ ）

10. 在建筑总平面图和首层建筑平面图上，一般都画有指北针。（ ）

11. 定位轴线是用来确定房屋主要结构或构件的位置及其尺寸的。（ ）

12. 定位轴线横向编号应用大写汉语拼音字母表示。（ ）

13. 尺寸标注应包括尺寸界线和尺寸线。（ ）

14. 图样上的尺寸必须以米为单位。（　　）

15. 标高符号表示建筑物某一部位的高度。（　　）

16. 总平面图上的标高符号宜用空心三角形表示。（　　）

17. 坡度符号的箭头一般指向左面方向。（　　）

18. 常用构、配件代号中，屋面板的代号为 WMB。（　　）

19. 一座建筑物的施工和管理需要全套建筑工程施工图作指导。（　　）

20. 总平面图主要表明规划红线范围。（　　）

21. 建筑总说明对涂料工程施工来说不是很重要。（　　）

22. 根据建筑物的层数，每层有一张平面图。（　　）

23. 建筑立面图主要用来表示建筑物的平面形状、大小及内部各房间的大小等情况。（　　）

24. 房屋建筑的剖面图，因剖切位置不同，可分为横剖切面图和纵剖切面图。（　　）

25. 建筑施工详图就是将建筑物局部的构造，通过图形和文注详尽地表达出来。（　　）

26. 基础是房屋最下面的承重构件，它将房屋上部的荷载传给它下面的土层——地基。（　　）

27. 房屋建筑的砖墙有实砌墙、空斗墙、空心砖墙和加气混凝土砌块墙、硅酸盐砌块墙等。（　　）

28. 一般民用建筑使用的楼板有混凝土楼板和木楼板。（　　）

29. 一般房屋建筑中通常使用现制钢筋混凝土楼梯和预制钢筋混凝土楼梯，也有木楼梯、金属楼梯和自动楼梯等。（　　）

30. 房屋建筑的屋面有平屋面和坡屋面两大类。（　　）

31. 门的主要功能是采光和通风。（　　）

二、单项选择题（选择一个正确的答案，将相应的字母填入题内的括号中）

1. 建筑施工图上常用的线型主要有实线、虚线、（　　）、折断线、波浪线等。

A. 直线　　B. 斜线　　C. 曲线　　D. 点画线

2. 建筑工程图中的不可见轮廓线一般用来表达（　　）。

A. 对称线　　B. 中心线　　C. 定位轴线　　D. 中虚线

3. 线宽为（　　）的细虚线表达的是不可见轮廓线和图例线。

A. 0.2b　　B. 0.25b　　C. 0.5b　　D. b

4. 细点画线可用于表达（　　）。

A. 中心线　　B. 可见轮廓线　　C. 断开界线　　D. 不可见轮廓线

5. 图样中的汉字应采用国家公布的简化字，并应写成（　　）。

A. 宋体　　B. 仿宋体　　C. 长仿宋体　　D. 短仿宋体

6. 比例宜注写在图名的（　　）侧。

A. 左上　　B. 左下　　C. 右上　　D. 右下

7. 绘图的可用比例有（　　）。

A. 1∶1　　B. 1∶2　　C. 1∶3　　D. 1∶5

8. 剖切符号应以（　　）线绘制。

A. 细虚　　B. 波浪　　C. 粗实　　D. 点画

9. 详图与被索引图样不在同一张图样内，则索引符号的分子为（　　）编号。

A. 详图　　B. 图样　　C. 索引　　D. 剖切

10. 风玫瑰是表示该地区全年及夏季风向频率的标志，有时也可以只画单独的指（　　）针。

A. 东　　B. 南　　C. 西　　D. 北

11. 定位轴线竖向编号应用大写（　　）字母表示。

A. 英文　　B. 汉语拼音　　C. 希腊　　D. 拉丁

12. 定位轴线横向编号应用大写（　　）字母表示。

A. 英文　　B. 汉语拼音　　C. 阿拉伯　　D. 拉丁

13. 尺寸数字应依照其读数方向注写在靠近尺寸线的（　　）。

A. 下方中部　　B. 上方中部　　C. 下方左面　　D. 上方右面

14. 标高数字应以（　　）为单位。

A. mm　　B. cm　　C. dm　　D. m

15. 标注圆的半径尺寸时，半径数字前应加半径符号（　　）。

A. r　　B. L　　C. D　　D. R

16. 绝对标高是以（ ）为基准的。

A. 室内地层地坪 B. 室外地层地坪

C. 黄海平面 D. 太平洋平面

17. 标高尺寸数字一般保留小数点后（ ）位数。

A. 1 B. 2 C. 3 D. 4

18. 坡度符号的箭头一般指向（ ）方向。

A. 上坡 B. 下坡 C. 左面 D. 右面

19. 常用构、配件代号中，柱间支撑的代号为（ ）。

A. ZC B. ZJ C. ZJC D. ZJZC

20. 建筑施工图上常用的线型主要有直线、虚线、（ ）、折断线、波浪线等。

A. 实线 B. 斜线 C. 曲线 D. 点画线

21. 建筑工程图中表示中心线、定位轴线应采用（ ）线。

A. 粗点画 B. 中粗点画 C. 细点画 D. 细虚

22. 线宽为（ ）的折断线表示的是不要画全的断开界线。

A. b B. 0.5b C. 0.25b D. 0.2b

23. 折断线的用途是表示不要画全的（ ）。

A. 中心线 B. 可见轮廓线 C. 断开界线 D. 不可见轮廓线

24. 当拉丁字母单独用做代号或符号时，不得使用字母（ ）。

A. D B. E C. F D. O

25. 绘图的常用比例有（ ）。

A. 1∶3 B. 1∶25 C. 1∶50 D. 1∶250

26. 绘图所用的比例有常用比例和（ ）两种。

A. 一般比例 B. 可用比例 C. 特殊比例 D. 不可用比例

27. 剖面剖切符号的编号，通常采用（ ）数字。

A. 拉丁 B. 阿拉伯 C. 汉字 D. 希腊

28. （ ）是用来表示图样内某一部位的尺寸、标高和文字说明的符号。

A. 中心线 B. 引出线 C. 实线 D. 剖切线

29. 风玫瑰示意图中，细虚线围成的折线图是表示该地区（　　）季风向频率的标志。

A. 春　　B. 夏　　C. 秋　　D. 冬

30. 以下字母中（　　）不得用做轴线编号。

A. I　　B. J　　C. L　　D. Y

31. 尺寸标注应包括尺寸界线、尺寸线、尺寸起止符号和尺寸（　　）。

A. 数字　　B. 符号　　C. 代号　　D. 字母

32. 零点应注写成（　　）。

A. ±0.000　　B. ±0.00　　C. ±0.0　　D. ±0

33. 标注球的直径尺寸时，应在尺寸数字前加注符号（　　）。

A. *Sr*　　B. *SL*　　C. *SD*　　D. *SR*

34. 相对标高是以（　　）为基准的。

A. 室外马路标高　　B. 室内底层地面

C. 黄海平面　　D. 太平洋平面

35. 总平面图中室外地坪的标高符号宜用（　　）三角形表示。

A. 涂黑　　B. 空心　　C. 涂红　　D. 涂绿

36. 标注坡度时，除加注坡度符号外，也可用（　　）三角形表示。

A. 直角　　B. 直角等腰　　C. 全等　　D. 特殊

37. 常用构、配件代号中，铝合金窗的代号为（　　）。

A. LJ　　B. LC　　C. LHJ　　D. LHJC

38. 建筑施工图简称（　　）。

A. “结施”　　B. “建施”　　C. “构施”　　D. “设施”

39. 表示各新建建筑物及构筑物的位置、标高、道路和各种管线布置等总体布局的图称为（　　）。

A. 建筑总说明　　B. 建筑总平面图

C. 建筑平面图　　D. 建筑立面图

40. 建筑总说明以（　　）、表格表达为主。

A. 代号　　B. 图例　　C. 文字　　D. 符号

41. 建筑平面图的比例为（　　）。

A. 1∶1　　B. 1∶10　　C. 1∶100　　D. 1∶1 000

42. 建筑立面图的命名有（　　）种。

A. 1　　B. 2　　C. 3　　D. 4

43. 剖面图的剖切位置一般标注在平面图上，并以剖切位置如（　　）为剖面图命名。

A. 1—1　　B. 1—2　　C. 2—1　　D. 3—1

44. 建筑施工详图是建筑（　　）的施工图。

A. 平面　　B. 立面　　C. 外部　　D. 内部

45. 建筑施工详图的常用比例为（　　）。

A. 1∶25　　B. 1∶4　　C. 1∶10　　D. 1∶5

46. 剖面图的比例一般选用（　　）。

A. 1∶25　　B. 1∶4　　C. 1∶50　　D. 1∶5

47. 立面图是将建筑物各个墙面进行投影所得到的（　　）投影图。

A. 正　　B. 水平　　C. 侧面　　D. 右面

48. 首层地面一般标为（　　）。

A. ±0.0　　B. ±0.00　　C. ±0.000　　D. ±0.000 0

49. 建筑总说明以（　　）、文字表达为主。

A. 代号　　B. 图例　　C. 符号　　D. 表格

50. 总平面图是新建个体建筑（　　）和控制标高的依据。

A. 尺寸　　B. 构造　　C. 外观　　D. 定位

51. 掌握识读建筑工程图，是油漆工必须具备的（　　）知识。

A. 基础　　B. 专业　　C. 化学　　D. 物理

52. 外墙墙身紧靠室外地面的部分称为（　　）。

A. 踢脚　　B. 墙角　　C. 墙身　　D. 泛水

53. 实砌砖墙中，一砖墙的厚度为（　　）mm。

A. 53　　B. 115　　C. 180　　D. 240

54. （　　）缝包括伸缩缝、沉降缝和防震缝。

A. 分仓　　B. 变形　　C. 开裂　　D. 装饰

55. 楼梯在平面图中用（　　）和折断线表示。

A. 波浪线　　B. 倾斜线　　C. 点画线　　D. 水平线

56. 屋面是房屋建筑的重要组成部分，必须牢固、安全。（　　）是屋面的另一个主要功能。

A. 隔音　　B. 隔热　　C. 防水　　D. 装饰

57. 在建筑施工图中，窗的代号用（　　）表示。

A. M　　B. N　　C. G　　D. C

58. 砖基础用的是（　　）砂浆。

A. 石灰　　B. 混合　　C. 水泥　　D. 粉煤灰

59. 采用预制钢砼过梁，其两端置于墙上的长度不宜少于（　　）mm。

A. 60　　B. 120　　C. 180　　D. 240

60. 钢筋混凝土圈梁的高度不应小于（　　）mm。

A. 60　　B. 120　　C. 180　　D. 240

61. 楼梯板的符号表达方式是（　　）。

A. TL　　B. YKB　　C. TB　　D. YGL

62. 房屋建筑的屋面按材质分有（　　）屋面和刚性屋面两大类。

A. 柔性　　B. 塑性　　C. 硬性　　D. 半硬性

63. 在建筑施工图中，铝合金窗的代号用（　　）表示。

A. LM　　B. C　　C. LC　　D. GC

材料与工具

一、判断题（将判断结果填入括号中。正确的填“√”，错误的填“×”）

1. 涂料（含油漆）是一种涂于物体表面且能与其基底材料牢固粘接，形成完整而坚韧的保护膜的装饰材料的总称。（　　）

2. 油料一般多采用不干性油。（　　）

3. 虫胶清漆属于油酯漆类。（　　）

4. 颜料是涂料中的固体部分，可以单独构成涂膜。（　　）

5. 铝粉是防锈颜料。（　　）

6. 颜料按来源可分为有机颜料和矿物颜料。（　　）

7. 溶剂是一种能溶解油脂和树脂等物质的不能挥发的有机溶液。（　　）

8. 一种溶剂可以分别溶解不同的成膜物质。（　　）

9. 催干剂只有固体一种。（　　）

10. 涂料的分类方法是：以其中起主要作用的一种树脂作为分类基础。（　　）

11. 涂料的命名原则是：涂料全名＝颜色或颜料名称＋成膜物质名称＋基本名称。（　　）

12. C04-2 表示醇酸磁漆。（　　）

13. 清油也称熟桐油，其特性是干燥慢、漆膜硬。（　　）

14. 沥青清漆又名黑水罗松。（　　）

15. 厚漆的漆膜较硬。（　　）

16. 清漆是一种含颜料的不透明油漆。（　　）

17. 清油主要用来调制厚漆和红丹防锈漆。（　　）

18. 溶解硝基漆的溶剂是松节油。（　　）

19. 常用的建筑涂料应储存在干燥、阴凉、通风的库房内。（　　）

20. 腻子一般由体质颜料（填料）和少量胶粘剂配制而成。（　　）

21. 熟石膏粉是由天然二水石膏经 107～190℃的低温煅烧，分解成半水石膏后形成的粉状物。（　　）

22. 滑石粉加水后成为浆体，具有可塑性，并迅速硬化。（　　）

23. 常用的胶粘材料有血料、熟桐油、清漆、纤维素等。（　　）

24. 由于熟猪血难以储存，一般在装饰工程上已被其他胶类所取代。（　　）

25. 溶剂主要起到胶粘材料的作用。（　　）

26. 玻璃是建筑工程的重要材料之一。（　　）

27. 玻璃品种很多，大致有两种分类方法，即按化学成分和形状分类。（　　）

28. 用于建筑工程上的玻璃品种很多，其中以平板玻璃应用最为广泛。（　　）

29. 平板玻璃主要装配在一般建筑工程的内外钢、木门窗上。（　　）

30. 磨砂玻璃又名毛玻璃，它一面光，一面毛，透光不透视。（　　）

31. 油灰是固定门窗玻璃用的一种油性腻子。（　　）

32. 随着铝合金门窗和钢门窗的大量使用，各种规格的橡胶嵌条代替了传统的油灰。（　　）

33. 壁纸是一种广泛用于室内墙面、顶棚、梁柱等部位的装饰材料。（　　）

34. 纸面纸基壁纸不耐水，施工难度大。（　　）

35. 塑料壁纸是以聚氯乙烯为塑料面膜的。（　　）

36. 防火壁纸用 100～200 g/m^2 的纸作为基材。（　　）

37. 塑料壁纸的外观允许有色差。（　　）

38. 能把两种物质粘接起来的材料称为胶粘剂。（　　）

39. 磨光剂是一种乳浊状膏状物，俗称砂蜡。（　　）

40. 砂纸（布）既是一种常用的打磨油漆的工具，也是一种消耗性材料。（　　）

41. 木砂纸和铁砂纸的规格相同，号数越大，颗粒越粗。（　　）

42. 水砂纸常用于对基层处理的打磨。（　　）

43. 涂刷工具的作用是使涂料在物面上形成薄而均匀的涂层。（　　）

44. 挑选油漆刷时以鬃薄、根软、头硬为好。（　　）

45. 施涂油漆时，主要靠手指转动油漆刷，将油漆施涂在物体表面上。（　　）

46. 排笔有每排 4～10 管等多种规格。（　　）

47. 刷浆用过的排笔，要用清水及时冲洗干净，晾干后保存。（　　）

48. 施涂过乳胶漆的排笔，用完后用手指夹紧笔毛，除去多余的漆液，并将笔毛捋直擦干，以防弯曲。下次使用时，用溶剂浸泡以使笔毛散开。（　　）

49. 选用牛尾制作的漆刷属于大型刷，其刷纹较粗，用来刷涂大漆。（　　）

50. 铲刀又称油灰刀，是由木柄和铁板相连接而成。（　　）

51. 钢皮批板适用于批刮大平面物件和抹灰面。（　　）

52. 辊具是将涂料滚涂到抹灰面等装饰物表面上，以期达到各种装饰效果的一种手工

工具。（　　）

53. 辊具使用完毕后，应将其放在干燥处。（　　）

54. 手工除锈是一种劳动强度低、工效高的作业。（　　）

55. 由于铁制品暴露在空气中会生锈，因此在施涂前必须除锈。（　　）

56. 木折尺、钢卷尺属于玻璃施工中的常用工具，主要用于量取玻璃尺寸。（　　）

57. 裁划 4～8 mm 平板玻璃，一般选用 4 号玻璃刀。（　　）

58. 玻璃钻孔机只有手动的。（　　）

59. 扳脱玻璃边口狭条所用工具为钢丝钳。（　　）

60. 修补带油灰的玻璃时，用来铲除油灰的工具称为铲刀。（　　）

61. 安装门窗玻璃时，如果玻璃尺寸出现微量误差，可用钢丝钳轻轻钳夹修边口。（　　）

62. 油漆铲刀主要用于填平墙面凹陷部分和平整壁纸。（　　）

63. 刮板可用薄钢皮、塑料、胶木等材料制成。（　　）

64. 裱糊壁纸常用的工具有：工作台、钢直尺、活动裁纸刀、刮板、线锤、毛巾、水桶等。（　　）

65. 过滤铅油所用的铜丝箩，一般选用规格为 40 目的。（　　）

66. 合梯又称高凳，有木制梯和金属梯之分。（　　）

67. 用毛辊滚涂时，需要配套使用的辅助工具是涂料的底盘和滚网。（　　）

68. 粉线袋为自制工具，由小布袋、细线绳和颜色粉组成。（　　）

二、单项选择题（选择一个正确的答案，将相应的字母填入题内的括号中）

1. 下列物质中，（　　）属于刷浆材料。

A. 油脂　　B. 树脂　　C. 油漆　　D. 石灰浆

2. 胶粘剂是涂料的基本成分，因此也常称为（　　）。

A. 辅料　　B. 颜料　　C. 涂料　　D. 基料

3. 下列选项中属于天然树脂的是（　　）。

A. 环氧树脂　　B. 松香甘油酯　　C. 松香　　D. 丙烯

4. 颜料按用途可分为（　　）种。

A. 1　　B. 2　　C. 3　　D. 4

5. 下列颜料中，（　　）是防锈颜料。

A. 大白粉　　B. 炭黑　　C. 红丹　　D. 石墨粉

6. 体质颜料中滑石粉的化学名称为（　　）。

A. 硫酸钙　　B. 碳酸钙　　C. 氧化镁　　D. 硅酸镁

7. 200 号溶剂汽油又称（　　）。

A. 汽油　　B. 松香水　　C. 煤油　　D. 松节油

8. 常用溶剂香蕉水的化学名称是（　　）。

A. 乙醇　　B. 乙酸乙酯　　C. 乙酸丁酯　　D. 乙酸戊酯

9. 增塑剂用以增加漆膜的柔韧性，克服漆膜（　　）的缺点。

A. 发黏　　B. 硬脆　　C. 变色　　D. 不干

10. 目前，一般将涂料划分为（　　）大类。

A. 13　　B. 15　　C. 17　　D. 19

11. 涂料的基本名称一般位于名称的第（　　）位。

A. 1　　B. 2　　C. 3　　D. 4

12. 涂料的型号由三部分组成，其中第一部分是成膜物质，用（　　）字母表示。

A. 英文　　B. 汉语拼音　　C. 希腊　　D. 拉丁

13. 油性调和漆是由（　　）与颜料调和并经研磨后，加入催干剂及溶剂调配而成。

A. 树脂　　B. 干性油　　C. 半干性油　　D. 不干性油

14. “凡立水”就是（　　）清漆。

A. 酯胶　　B. 虫胶　　C. 聚氨酯　　D. 硝基

15. 厚漆和面漆的粘接性好，其遮盖力（　　）。

A. 弱　　B. 强　　C. 差　　D. 尚可

16. 清漆是一种不含（　　）的透明油漆。

A. 油脂　　B. 树脂　　C. 催干剂　　D. 颜料

17. 油性调和漆是由干性油与颜料调和并经研磨后，加入（　　）及溶剂调配而成。

A. 催化剂　　B. 催干剂　　C. 固化剂　　D. 凝结剂

18. 溶解虫胶片的溶剂应采用（　　）的乙醇。

A. 70%　　B. 75%　　C. 85%　　D. 95%

19. 存放建筑涂料的库房，其温度一般以（　　）℃为宜。

A. −5～10　　B. −15～40　　C. 5～23　　D. 15～40

20. 对于各种有机溶剂，尤其是（　　）易燃品，必须特别注意防火、防爆。

A. 一级　　B. 二级　　C. 三级　　D. 四级

21. 酚醛清漆是由干性油、酚醛树脂加催干剂及（　　）号溶剂汽油制成。

A. 90　　B. 97　　C. 100　　D. 200

22. 金属面的底漆主要是（　　）漆。

A. 紫红　　B. 厚白　　C. 虫胶　　D. 防锈

23. 酚醛清漆又称（　　）。

A. 油脂　　B. 光明漆　　C. 永明漆　　D. 明漆

24. 调和漆附着力好，不易脱落、粉化、龟裂，但干燥（　　），涂膜较软。

A. 较慢　　B. 较快　　C. 很快　　D. 很慢

25. 腊克就是（　　）。

A. 丙烯酸清漆　　B. 硝基清漆　　C. 聚氨酯清漆　　D. 磁漆

26. 调和漆附着力好，不易脱落、粉化、龟裂，但干燥较慢，涂膜（　　）。

A. 较软　　B. 较硬　　C. 坚韧　　D. 脆硬

27. 在醇酸树脂漆中，含油量在（　　）以下的为短油度。

A. 50%　　B. 55%　　C. 60%　　D. 65%

28. 涂料全名由（　　）部分组成。

A. 2　　B. 3　　C. 4　　D. 5

29. 涂料的代号是用（　　）字母来表示的。

A. 英文　　B. 汉语拼音　　C. 希腊　　D. 拉丁

30. 辅助材料催干剂的代号为（　　）。

A. C　　B. G　　C. J　　D. CJ

31. 能强烈溶解树脂的溶剂是（　　）。

A. 甲苯　　B. 苯　　C. 乙苯　　D. 丙酮

32. （　　）属于石油溶剂的一种。

A. 汽油　　B. 苯　　C. 乙醇　　D. 丙酮

33. 下列选项中，（　　）不是老粉的曾用名。

A. 锌钡白　　B. 大白粉　　C. 白垩　　D. 麻斯面

34. 红丹颜料是（　　）颜料。

A. 无色　　B. 着色　　C. 体质　　D. 防锈

35. 下列颜料中，（　　）是着色颜料。

A. 大白粉　　B. 炭黑　　C. 红丹　　D. 石墨粉

36. 涂料用的树脂有（　　）类。

A. 4　　B. 3　　C. 2　　D. 1

37. 胶粘剂有（　　）和树脂两类。

A. 辅料　　B. 颜料　　C. 油料　　D. 基料

38. 建筑涂料用在建筑物上主要有（　　）种作用与功能。

A. 4　　B. 3　　C. 2　　D. 1

39. 腻子是涂饰不可缺少的材料，一般由涂料生产厂家（　　）生产供应。

A. 配合　　B. 配比　　C. 配套　　D. 提前

40. 腻子中的硅酸镁又称（　　）。

A. 滑石粉　　B. 石膏粉　　C. 大白粉　　D. 石灰粉

41. 熟石膏粉加水后，具有（　　）性，并迅速硬化。

A. 柔韧　　B. 润滑　　C. 可塑　　D. 耐磨

42. 熟桐油就是（　　）。

A. 清漆　　B. 光油　　C. 熟油　　D. 清油

43. 由聚乙烯醇与甲醛在酸性介质中发生缩聚反应后，再经氨基化反应生成的改性聚乙烯醇缩甲醛胶，又称（　　）。

A. 107 胶　　B. 801 胶　　C. 化学糨糊　　D. 白乳胶

44. 调配腻子用的水，其 pH 值为（　　）。

A. 1　　B. 3　　C. 5　　D. 7

45. 腻子一般由体质颜料（填料）和（　　）胶粘剂配制而成。

A. 少量　　B. 中量　　C. 大量　　D. 零用量

46. 老粉的化学成分是（　　）。

A. 碳酸钙　　B. 铝酸钙　　C. 氧化钙　　D. 氧化镁

47. 碳酸钙能增强腻子的（　　）。

A. 韧性　　B. 强度　　C. 可塑性　　D. 弹性

48. 聚醋酸乙烯乳液又称（　　）。

A. 白乳胶　　B. 糨糊　　C. 化学糨糊　　D. 胶

49. 熟桐油具有（　　）、耐磨性好等特点。

A. 干燥快、光泽差　　B. 干燥慢、光泽亮

C. 干燥快、光泽亮　　D. 干燥慢、光泽差

50. 腻子中（　　）颜料的用量只占很少一部分。

A. 防锈　　B. 体质　　C. 着色　　D. 防腐

51. 玻璃以（　　）、纯碱、长石、石灰石等为主要原料。

A. 河沙　　B. 石英砂　　C. 黄沙　　D. 海沙

52. 玻璃是（　　）材料。

A. 弹性　　B. 脆性　　C. 塑性　　D. 韧性

53. 彩色玻璃按透明度可分为（　　）种。

A. 2　　B. 3　　C. 4　　D. 5

54. 用于浴室、卫生间门窗上的玻璃，应采用（　　）玻璃。

A. 磨砂　　B. 夹丝　　C. 彩色　　D. 平板

55. 磨光玻璃经精加工可以制成（　　）玻璃。

A. 装饰　　B. 镜面　　C. 彩色　　D. 弯曲

56. 油灰应具有一定的（　　）和耐老化性。

A. 着色性　　B. 附着性　　C. 弹性　　D. 遮盖性

57. 安装要求较高的门窗玻璃时可以采用（　　）作密封材料。

A. 硅酮密封胶　　B. 氯丁密封胶
C. 聚氨酯密封胶　　D. 丙烯酸密封胶

58. 据资料统计，每平方米普通墙体重 250 kg，而同面积的双层中空玻璃构成的墙体只有这一重量的（　　）。

A. 1/2　　B. 1/4　　C. 1/8　　D. 1/10

59. 玻璃越厚，透光率越（　　）。

A. 小　　B. 强　　C. 大　　D. 好

60. 用于高级公共、民用建筑工程中对采光和装饰有特殊要求的部位上的玻璃，应采用（　　）玻璃。

A. 磨砂　　B. 夹丝　　C. 彩色　　D. 平板

61. 一般用于有抗震、抗冲击等功能要求的部位上的玻璃，应采用（　　）玻璃。

A. 磨砂　　B. 钢化　　C. 彩色　　D. 平板

62. 夹层玻璃中间强韧透明的塑料膜的品种是（　　）。

A. PVB　　B. PVC　　C. PBV　　D. PCV

63. 油灰的（　　）应当适于嵌抹和刨刀压光操作，干燥后能结成固体。

A. 温度　　B. 湿度　　C. 稠度　　D. 浓度

64. 橡胶嵌条在使用方面，（　　）优于油灰。

A. 着色力　　B. 附着力　　C. 寿命　　D. 遮盖力

65. 格调高、朴素自然、生活气息浓、无污染的壁纸是（　　）壁纸。

A. 纸面纸基　　B. 塑料　　C. 发泡　　D. 天然织物

66. 透气性好且有较好吸声性能的壁纸是（　　）壁纸。

A. 纸面纸基　　B. 塑料　　C. 发泡　　D. 天然织物

67. 塑料壁纸品种繁多，大致可分为（　　）种类型。

A. 2　　B. 3　　C. 4　　D. 5

68. 普通塑料壁纸是以（　　）g/m^2 的纸作基材。

A. 80　　B. 90　　C. 100　　D. 150

69. 聚氯乙烯塑料壁纸的物理性能包括（　　）。

A. 气泡　B. 露底　C. 退色　D. 露印

70. 建筑胶水又称（　　）。

A. 107胶　B. 801胶　C. 108胶　D. 白胶

71. 羧甲基纤维素又名（　　）。

A. 糨糊　B. 化学糨糊　C. 胶　D. 粘接剂

72. 聚氯乙烯塑料壁纸的可洗性能分（　　）级。

A. 2　B. 3　C. 4　D. 5

73. 发泡塑料壁纸是以（　　）g/m^2 的纸作基材。

A. 80　B. 90　C. 100　D. 150

74. 小卷壁纸的门幅为（　　）mm。

A. 350　B. 450　C. 530　D. 550

75. 家庭装饰一般选用（　　）壁纸。

A. 小卷　B. 中卷　C. 大卷　D. 特大卷

76. 近年来在裱糊装饰工程中应用最为广泛的是（　　）壁纸。

A. 纸面纸基　B. 塑料　C. 发泡　D. 天然织物

77. 溶解磨光剂的溶剂应采用（　　）。

A. 汽油　B. 煤油　C. 鱼油　D. 柴油

78. 砂纸（布）在使用前，通常一张应裁成（　　）小张。

A. 2　B. 4　C. 6　D. 8

79. （　　）号水砂纸可用于硝基漆面最后一遍打磨。

A. 180　B. 280　C. 320　D. 400

80. （　　）号木砂纸可用于打磨施涂涂料后的涂膜面或要求细致的物面。

A. 0　B. 1　C. 1.5　D. 2

81. 磨光剂主要用于在硝基漆面上打磨出光的（　　）蜡。

A. 头道　B. 底层　C. 中层　D. 垫层

82. 木砂纸纸质强韧，耐折、耐磨，但不耐（　　）。

A. 水　B. 冷　C. 热　D. 油

83. 铁砂布质地坚韧，耐磨、耐折、耐用，但不耐水，价格（　　）。

A. 低　　B. 高　　C. 中等　　D. 较高

84. （　　）号水砂纸可用于硝基漆面头遍打磨。

A. 280　　B. 400　　C. 500　　D. 600

85. 施涂小的物件或不易刷到的部位，一般选用（　　）英寸的油漆刷。

A. 1　　B. 1.5　　C. 2　　D. 2.5

86. 施涂聚氨酯的油漆刷，若是近日还要用，可把油漆刷悬浸在（　　）中。

A. 清水　　B. 油　　C. 汽油　　D. 煤油

87. 施涂抹灰面或大面积的地面，一般选用（　　）英寸的油漆刷。

A. 1.5　　B. 2　　C. 2.5　　D. 3

88. 排刷又称排笔，是用（　　）和细竹管做成的。

A. 羊毛　　B. 兔毛　　C. 猪毛　　D. 合成纤维

89. 用排笔涂刷水性涂料后，要用（　　）将其清洗干净。

A. 柴油　　B. 汽油　　C. 清水　　D. 油

90. 涂刷水性涂料时，一般选用（　　）管排笔。

A. 4　　B. 8　　C. 10　　D. 16

91. 油画笔可以代替（　　）尺寸的油漆刷。

A. 小　　B. 中　　C. 大　　D. 较大

92. 嵌木窗一般选用（　　）英寸的铲刀。

A. 2　　B. 3　　C. 4　　D. 5

93. 牛角翘较适用于（　　）腻子的涂刮。

A. 水性　　B. 聚氨酯　　C. 大漆　　D. 醇酸

94. 抹灰面滚涂水性涂料时，一般选用（　　）英寸的绒毛滚筒。

A. 4　　B. 6　　C. 8　　D. 12

95. 刻有花纹的橡胶辊具，其（　　）部分特别要彻底清洗。

A. 大面　　B. 侧面　　C. 凸显　　D. 凹槽

96. 铲除钢门窗上的旧漆膜，一般选用的工具是（　　）。

A. 铲刀　B. 砂轮　C. 锉刀　D. 钨钢铲

97. 下列工具中不会生锈的是（　）。

A. 铲刀　B. 钨钢铲　C. 锉刀　D. 刮铲

98. 施涂钢窗凹槽部位，一般选用（　）英寸的油漆刷。

A. 1　B. 1.5　C. 2　D. 2.5

99. 漆刷又名（　），是以施涂大漆为主的一种刷具。

A. 油刷　B. 板刷　C. 直刷　D. 国漆刷

100. 施涂木制门窗框架部位，一般选用（　）英寸的油漆刷。

A. 1　B. 1.5　C. 2　D. 2.5

101. 排笔笔毛较软，比较适合涂刷（　）较低的油漆。

A. 强度　B. 硬度　C. 黏度　D. 湿度

102. 墙面涂刷多用（　）管以上的排笔。

A. 8　B. 7　C. 6　D. 5

103. 排笔的握法与油刷不同，其使用要领是用（　）控制。

A. 手　B. 手腕　C. 手臂　D. 手指

104. 底纹笔是用薄木板和（　）制成的。

A. 合成纤维　B. 兔毛　C. 猪毛　D. 羊毛

105. 调拌腻子一般选用（　）英寸的铲刀。

A. 1　B. 1.5　C. 2　D. 3.5

106. 钢皮批板一般选用厚度为（　）mm的钢皮较适中。

A. 0.15　B. 0.35　C. 0.45　D. 0.55

107. 橡胶滚花工艺能在内墙面上滚出各种色泽的图案，其装饰效果能与（　）媲美。

A. 彩画　B. 壁纸　C. 装饰画　D. 印花壁纸

108. 绒毛滚筒既适用于滚涂薄质涂料，也适用于滚涂厚质涂料，尤其适用于滚涂（　）的抹灰面。

A. 平整　B. 光滑　C. 交接转角　D. 毛糙

109. 处理钢门窗上的焊缝，一般选用的工具是（　）。

A. 铲刀　　B. 砂轮　　C. 锉刀　　D. 钨钢铲

110. 清除钢门窗上的锈斑，使用（　　）效果最好。

A. 铲刀　　B. 钨钢铲　　C. 钢丝刷　　D. 刮铲

111. 一般使用（　　）m 长的木折尺来量取距离。

A. 1　　B. 1.2　　C. 1.5　　D. 2

112. 裁划 2～3 mm 厚的平板玻璃，一般选用（　　）号玻璃刀。

A. 1　　B. 2　　C. 3　　D. 4

113. 裁割圆形玻璃所用工具是（　　）。

A. 玻璃刀　　B. 割刀　　C. 圆规刀　　D. 电动刀

114. 裁划厚度（　　）mm 以上的玻璃时，应涂煤油。

A. 3　　B. 4　　C. 5　　D. 6

115. 木门窗安装玻璃时，用来固定钉子的工具是（　　）。

A. 钢丝钳　　B. 铁锤　　C. 木块　　D. 刨刀

116. 安装大块橱窗玻璃时，要用（　　）搬运、安装。

A. 手套　　B. 绳子　　C. 吸盘　　D. 起重机

117. 木门窗施工时，填塞油灰所用工具是（　　）。

A. 腻子刀　　B. 油灰锤　　C. 铲刀　　D. 刨刀

118. 安装玻璃时，用来敲钉子和抹油灰的工具是（　　）。

A. 钢丝钳　　B. 油灰锤　　C. 铁锤　　D. 刨刀

119. 裁划厚度 5 mm 以上的玻璃时，应用毛笔涂上（　　）。

A. 机油　　B. 汽油　　C. 柴油　　D. 煤油

120. 玻璃钻孔机的钻头有（　　）种。

A. 2　　B. 3　　C. 4　　D. 6

121. 裁划 3～6 mm 厚的平板玻璃，一般选用（　　）号玻璃刀。

A. 2　　B. 3　　C. 4　　D. 6

122. 尺寸为 5 mm×30 mm（长度在 1 m 以内）的木尺，专用于裁划玻璃（　　）。

A. 块　　B. 条　　C. 砖　　D. 开槽

123. 裱糊壁纸常用工具中，钢直尺一般选用（　　）mm。

A. 10　　B. 100　　C. 1 000　　D. 10 000

124. 裱糊壁纸常用工作台的尺寸为（　　）。

A. 3 m×1 m　　B. 3 m×2 m　　C. 2 m×2 m　　D. 2 m×1 m

125. （　　）是用来弹墙面竖向线的工具。

A. 线锤　　B. 木尺　　C. 钢尺　　D. 线

126. 过滤大白浆一般选用（　　）目铜丝箩。

A. 40　　B. 60　　C. 80　　D. 100

127. 合梯一般分为5档、7档、9档和11档等多种，常用的合梯是（　　）档。

A. 5　　B. 7　　C. 9　　D. 11

128. 托板主要用于盛托各种腻子，还可以在上面调制、混合腻子，多用（　　）制成。

A. 铝板　　B. 木材　　C. 塑料　　D. 钢板

129. 用两个合梯搭跳板施工时，跳板不能放在（　　）一档上，以免翻倒。

A. 最高　　B. 最低　　C. 中间　　D. 中间与最高

130. 粉线袋供（　　）时使用。

A. 裱糊　　B. 涂刷　　C. 弹线　　D. 装饰

131. 打磨木板，以便磨去高于（　　）的腻子。

A. 垫层　　B. 面层　　C. 中层面　　D. 底面

132. 合梯与地面的夹角一般为（　　）。

A. 60°～70°　　B. 30°～40°　　C. 40°～60°　　D. 20°～30°

133. 过滤调和漆一般选用（　　）目铜丝箩。

A. 40　　B. 60　　C. 80　　D. 100

134. 注射针筒用于抽出壁纸中的（　　），再注射胶液贴平贴实。

A. 污物　　B. 胶水　　C. 气泡　　D. 杂质

135. 橡胶滚筒用于擀压壁纸内的（　　）。

A. 污物　　B. 胶水　　C. 气泡　　D. 杂质

136. 裱糊壁纸常用工具中，直尺的材质一般选用（　　）。

A. 不锈钢　　B. 塑料　　C. 木　　D. 合成材料

调配

一、判断题（将判断结果填入括号中。正确的填“√”，错误的填“×”）

1. 石膏油腻子由生石膏、生桐油、溶剂等组成。（　）
2. 胶油腻子易于打磨。（　）
3. 胶粉腻子中因为有胶料，所以耐水性很好。（　）
4. 嵌补虫胶漆腻子，要将洞眼填满并略平于物面。（　）
5. 水粉腻子中必须加入黏性强的胶料。（　）
6. 油粉腻子成本高，调配复杂，干燥快。（　）
7. 猪血腻子必须选用新鲜的生猪血为胶料。（　）
8. H07-5 各色醇酸腻子，主要适用于金属面的填平嵌批。（　）
9. C07-5 各色醇酸腻子，主要适用于填补金属和木器表面的凹坑及缝隙。（　）
10. 调制大白浆时，先将大白粉与纤维素胶和水一起搅拌。（　）
11. 大白浆是由硫酸钙加胶粘剂和水组成的。（　）
12. 大白浆中的材料基本上与石灰浆中的材料相同。（　）
13. 调配石灰浆时，水不能多加，多加了水，石灰浆就无法使用。（　）
14. 石灰浆的质量配合比是生石灰块：水＝1：4。（　）
15. 用石灰膏调配的石灰浆的质量不如用生石灰块调配的石灰浆的质量好。（　）
16. 如果气温低、湿度大，刷虫胶清漆时要多加酒精才不会出现返白现象。（　）
17. 调配虫胶清漆时，先将虫胶片放入容器中，然后再加入酒精即可。（　）
18. 一般调配好的虫胶清漆的有效期为 5 个月。（　）

二、单项选择题（选择一个正确的答案，将相应的字母填入题内的括号中）

1. 石膏油腻子是由熟石膏粉、熟桐油、（　）和清水组成的。

A. 甲苯　　B. 二甲苯　　C. 煤油　　D. 松香水

2. 调配胶油腻子用的胶料是（　）。

A. 聚乙烯醇缩甲醛　　B. 氨基化聚乙烯醇缩甲醛
C. 聚醋酸乙烯乳液　　D. 羧甲基纤维素

3. 室内抹灰面上水性涂料，一般采用（　　）腻子。
A. 虫胶漆　　B. 石膏油　　C. 胶粉　　D. 水粉

4. 虫胶漆腻子是由虫胶漆和（　　）加颜料调拌而成的。
A. 石膏粉　　B. 胶粉　　C. 老粉　　D. 水粉

5. 水粉腻子因不加（　　），易擦掉，牢固度较差。
A. 胶料　　B. 煤油　　C. 桐油　　D. 松香水

6. 使用油粉腻子时如遇气候干燥，可加入适量精（　　）油，以延缓干燥速度。
A. 机　　B. 煤　　C. 桐　　D. 梓

7. 一般涂饰中已很少用或不用（　　）腻子。
A. 血料　　B. 油粉　　C. 老粉　　D. 水粉

8. 成品腻子如果稠厚，可加入（　　）稀释剂拌匀后继续使用。
A. 配套　　B. 松香水　　C. 香蕉水　　D. 清水

9. 腻子中掺入催干剂的用量一般为腻子总重量的（　　）。
A. 1%～2%　　B. 3%～4%　　C. 5%～6%　　D. 7%～8%

10. 石膏油腻子的干燥时间在常温下一般不超过（　　）h。
A. 12　　B. 24　　C. 36　　D. 48

11. 胶油腻子适用于（　　）面。
A. 胶合板　　B. 抹灰　　C. 石膏　　D. 木料

12. 胶粉腻子又名（　　）。
A. 鸡脚菜胶　　B. 皮胶　　C. 粉胶　　D. 水胶

13. 虫胶漆腻子一次不要调拌太多，因为虫胶漆中的（　　）挥发快。
A. 丙酮　　B. 苯　　C. 汽油　　D. 酒精

14. 沾有水粉腻子的工具清洗起来（　　）。
A. 难　　B. 有杂物　　C. 较难　　D. 容易

15. 使用油老粉时如遇气候干燥，可加入约（　　）的精煤油，以延缓干燥速度。

A. 1%　　B. 2%　　C. 3%　　D. 4%

16. 猪血来源广、成本低、附着力好、容易批刮和打磨，但（　　），制作麻烦。

A. 强度高　　B. 干燥快　　C. 耐水性差　　D. 耐水性好

17. Q07-5 各色硝基腻子，主要用于填平（　　）的孔隙。

A. 醇酸类面漆　　B. 硝基类面漆

C. 环氧类面漆　　D. 过氯乙烯类面漆

18. 当气温低于（　　）℃时，腻子中可加入液体催干剂。

A. 0　　B. 5　　C. 10　　D. 15

19. 调配大白浆用的体质颜料是（　　）。

A. 碳酸钠　　B. 碳酸钙　　C. 硫酸钙　　D. 硫酸铜

20. 调配大白浆的最后一步是搅拌后用（　　）目铜丝箩过滤即成。

A. 120　　B. 100　　C. 90　　D. 80

21. 当带色大白浆出现颜色不匀和胶花现象时，可加入少量（　　）作分散剂，即可得到改善。

A. 墨汁　　B. 六偏磷酸钠　　C. 明矾　　D. 食盐

22. 冬季施涂石灰浆时，为了防止刷后结冰，可在石灰浆内加入适量的（　　）。

A. 墨汁　　B. 六偏磷酸钠　　C. 明矾　　D. 食盐

23. 调配石灰浆时，先在容器中放入清水至（　　），然后再将生石灰块放入水中滚沸。

A. 60%　　B. 70%　　C. 80%　　D. 90%

24. 为了提高石灰浆的黏度，可加入（　　）的 107 胶或约 2%的聚醋酸乙烯乳液。

A. 5%　　B. 4%　　C. 3%　　D. 2%

25. 调配虫胶漆应选用（　　）以上的酒精。

A. 65%　　B. 75%　　C. 85%　　D. 95%

26. 一般虫胶漆的质量比大约是虫胶片∶酒精＝1∶（　　）。

A. 2　　B. 3　　C. 4　　D. 5

27. 用于（　　）的虫胶漆可配成虫胶片∶酒精＝1∶7～1∶8。

A. 理平见光　　B. 涂揩

C. 高气温环境　　　　D. 嵌批、拼色、调腻子

28. 配制虫胶漆时，酒精不能放在（　　）容器内。

A. 合成材料　　B. 塑料　　C. 陶瓷　　D. 金属

29. 用于嵌批、拼色、调腻子的虫胶漆可配成虫胶片∶酒精＝1∶6～1∶（　　）。

A. 13　　B. 12　　C. 11　　D. 10

30. 通常调配好的虫胶漆，其有效期为（　　）个月。

A. 1　　B. 3　　C. 6　　D. 12

31. 调配石灰浆时，生石灰块与水的比例为1∶6，过（　　）h生石灰块经充分吸水后才能搅拌。

A. 10　　B. 20　　C. 24　　D. 48

32. 在较潮湿的环境条件下调配石灰浆，宜在生石灰块滚沸时加入（　　）的熟桐油。

A. 4%　　B. 3%　　C. 2%　　D. 1%

33. 过滤石灰浆一般选用（　　）目铜丝箩。

A. 40　　B. 60　　C. 80　　D. 100

34. 目前，大白浆中的胶粘剂一般采用（　　）代替动物胶。

A. 107胶　　B. 环氧胶　　C. 虫胶　　D. 聚醋酸乙烯乳液

35. 调配大白浆的重量比大约是老粉∶聚醋酸乙烯乳液∶纤维素胶∶水＝（　　）∶8∶35∶140。

A. 120　　B. 100　　C. 90　　D. 80

36. 调配带色大白浆，选用的颜料必须要有良好的（　　）性。

A. 耐酸　　B. 耐碱　　C. 耐腐蚀　　D. 耐久

涂裱装饰

一、判断题（将判断结果填入括号中。正确的填“√”，错误的填“×”）

1. 一般木纹不清晰的木材表面，通常采用混色漆装饰。（　　）
2. 批刮腻子要收刮干净，不可有多余腻子残留在物面上。（　　）

3. 对于腻子干燥后凹陷的部分，应用薄质腻子进行复嵌。（　　）

4. 因为铅油中掺入的溶剂较多，所以挥发快、流平性好。（　　）

5. 对于腻子复嵌部位，可以直接施涂面漆。（　　）

6. 对于开启的清油、铅油及调和漆，使用时应充分搅拌，尤其是用做面漆时。（　　）

7. 分色漆中各种颜色的底、中、面漆应相互配套，不得混淆。（　　）

8. 做基层处理时，不能用过粗的砂纸，以免在木纹上产生划痕。（　　）

9. 满批腻子一般采用石膏腻子。（　　）

10. 打磨后用同色石膏粉调配成厚质油腻子进行复补。（　　）

11. 打磨头道清漆面，由于清漆干后较硬，应选用新的 1.5 号木砂纸打磨。（　　）

12. 第一遍清漆干透后应轻轻地打磨，不应损伤拼色及修色的涂膜，棱角处不能露白，打磨后应清理干净。（　　）

13. 施涂清油时，不可按要求配色。（　　）

14. 对于大面积的旧涂膜脱落，应使用脱漆剂。（　　）

15. 旧涂膜脱洗干净后，根据清色和混色要求用腻子进行嵌批。（　　）

16. 木窗施涂面漆时，应将玻璃上的油灰一并施涂。（　　）

17. 木材中单宁的处理方法称为媒介染色法，适用于用清色涂料装饰前处理木材表面。（　　）

18. 打磨木地板时，为了增加打磨的力量，可用砂纸包裹方木块或泡沫块进行打磨。（　　）

19. 混色漆满批腻子以平整为原则，满批时要求顺木纹的方向进行。（　　）

20. 如有拼缝、凹凸不平处，用厚质石膏腻子进行复嵌。（　　）

21. 地板刷漆后将门关好，只需打开气窗，使空气流通，加速干燥即可。（　　）

22. 混色漆满批腻子，第一遍批质地较薄的石膏油腻子，第二遍批质地较厚的石膏油腻子。（　　）

23. 对于浅色、本色的初、中和高级清漆装饰，应采用漂白的方法将木材的色斑和不均匀色素消除。（　　）

24. 木地板施涂清色漆对木地板的材质要求较高，一般以硬木类企口地板为主。（　　）

25. 清色漆满批腻子，第一遍批质地较厚的石膏油腻子，第二遍批质地较薄的石膏油腻子。（　）

26. 满批用的腻子应一次调成，以避免出现色差。（　）

27. 施涂清油的排笔竹管部分应干燥，以免施涂时清油从上往下流到手上。（　）

28. 木质顶棚面一般有几何形、阶梯形及钻孔形等类型，这就要求在满批时区别对待。（　）

29. 刷没有木纹的顶棚，施涂方向应尽量与光线射入门窗的方向一致。（　）

30. 机械除锈就是用压缩空气将石英砂或粗黄沙喷出，高速冲击铁件表面来达到除锈的目的。（　）

31. 打磨红丹防锈漆涂膜时，要特别注意做好防尘保护工作。（　）

32. 嵌批腻子就是满批腻子，操作工序相同。（　）

33. 施涂于钢门窗的铅油，颜色可配成比罩面调和漆深一些。（　）

34. 施涂室外门窗时，对施工时间无要求。（　）

35. 施涂槽缝处面漆时，蘸油量不宜太多，以免漆液流淌、滴落。（　）

36. 由于防锈漆比较粗糙，必须用粗砂皮用力磨透、磨穿，以使表面光滑。（　）

37. 施涂磷化底漆涂膜时宜薄不宜厚，且要均匀，不得漏刷。（　）

38. 油漆刷或羊毛排笔可以作为施涂磷化底漆的工具。（　）

39. 镀锌铁皮的面漆如为深色调和漆，应施涂三遍。（　）

40. 调配好的磷化底漆可用铁皮容器盛装。（　）

41. 无论是满批腻子还是刷油，每次做的拼接处必须错开。（　）

42. 如果基层抹灰面高低悬殊，则必须用腻子批平整。（　）

43. 如不施涂底漆而直接把铅油做上去，就难以将铅油施涂均匀。（　）

44. 施涂铅油时，新、旧漆刷都可用。（　）

45. 施涂抹灰面普通油漆时，浅色漆为三遍成活。（　）

46. 钢皮批板的厚度在0.4～0.5 mm之间，不能做得太硬或太软，应具有一定的弹性。（　）

47. 油性涂料及溶剂属有毒、易燃物品，应集中保管，仓库重地严禁烟火。（　）

48. 实践证明，抹灰面要达到充分干燥程度，必须经过数月至半年以上时间，如能经过一个夏天为最佳。（　）

49. 石灰浆是一种低档涂刷材料。（　）

50. 可采用喷涂石灰浆的工艺来提高工效。（　）

51. 清水砖墙面喷浆时，因为砖墙面吸水性较强，所以喷涂用的石灰浆要厚些。（　）

52. 在重新施涂涂料前，必须对旧涂膜进行处理。（　）

53. 大白浆作为内墙抹灰面的饰面材料，具有遮盖力较强、涂层外观细腻洁白等优点。

（　）

54. 涂刷时先在上端墙面顶端横刷一排笔的宽度，然后自左向右从墙阴角开始直刷，刷完一排，再刷一排，依次顺刷。（　）

55. 石膏板防潮剂的配合比是熟桐油：松香水＝1：1。（　）

56. 乳胶漆具有一定的透气性和耐碱性，附着力好，涂膜干燥快，无毒，不燃。（　）

57. 大面积施涂应上下多人合作，要特别注意互相衔接，以免出现排笔排印。（　）

58. 乳胶漆的施工温度应在5℃以上。（　）

59. 墙面上较大的孔隙或裂缝均需一次用腻子批补。（　）

60. 如果墙面质量较好，也可以不满批，或仅满批一遍。（　）

61. 施涂墙面涂料时必须均匀、不漏涂并一气涂成。（　）

62. 装饰空间小的房间时，壁纸的图案应细密小巧一些。（　）

63. 抹灰面基本干燥后，含水率应低于10%。（　）

64. 在抹灰面上裱糊壁纸，必须使用有一定强度的腻子。（　）

65. 裱糊壁纸前，必须先在腻子面上刷一遍兑水的底胶，作为封闭处理。（　）

66. 不论何种材质的壁纸，上墙前必须先将壁纸浸水预胀。（　）

67. 裱糊第一幅壁纸时应先挂垂线，作为平整度的控制依据。（　）

68. 顶棚上如采用宽度为530～600 mm的小卷壁纸，浸水胀足且沥出表面水分后，即可直接上顶棚裱糊。（　）

69. 裱糊壁纸时空气相对湿度不应高于80%，且不应有剧烈变化。（　）

70. 裁划玻璃时，应核对尺寸和厚度，以保证不出差错，并做到合理取裁、节约用料。

（　）

71. 裁划玻璃时必须掌握好握刀手势、角度以及用力大小。（　）

72. 裁划 2～3 mm 厚的平板玻璃，用 1 号或 2 号玻璃刀和 15 mm×40 mm 的直尺。（　）

73. 安装钢门窗玻璃时，不仅要用钉子固定，而且还要用钢丝弹簧或镀锌小铁卡固定。（　）

74. 木压条固定要求在已刷好底漆，刷最后一遍面漆之后进行。（　）

75. 对已裁划好的玻璃，应分规格叠加平放。（　）

76. 斜天窗玻璃如用平板玻璃，宜在玻璃下面加设一层镀锌铁丝网。（　）

77. 固定玻璃的钉子或钢丝卡的数量应符合施工规范的规定。（　）

78. 油灰与木槽口不平行的主要原因是操作不熟练、油灰刮得太多或太少。（　）

79. 安装门窗玻璃或隔断玻璃时，将梯子靠在门窗扇或玻璃框上。（　）

80. 裁划出来的玻璃边口很锋利，易伤人，不能触摸，所以必须将边口的锐利处磨钝才能使用。（　）

81. 短距离运输玻璃时，应将玻璃箱立放，用抬杠抬运，不能多人抬角搬运。（　）

82. 玻璃整箱堆放时应箱盖向下，立放靠紧，不得歪斜或平放，不得重压和碰撞。（　）

二、单项选择题（选择一个正确的答案，将相应的字母填入题内的括号中）

1. 下列选项中，（　）不是刷清油的作用。

A. 清除灰尘　B. 使纤维发硬　C. 增加附着力　D. 增加饰面光泽

2. 腻子的嵌批要等清油干燥后用（　）号砂纸打磨并清理干净后方能进行。

A. 11/2　B. 2　C. 3　D. 4

3. 批刮腻子时，一般刮板与被刮涂物面之间成（　）。

A. 15°～20°　B. 25°～30°　C. 45°～60°　D. 75°～90°

4. 铅油中的油分只占总重量的（　）。

A. 5%～10%　B. 10%～20%　C. 20%～30%　D. 30%～40%

5. 施涂调和漆应采用施涂过（　）漆的油漆刷。

A. 抄　B. 广　C. 硝基　D. 聚氨酯

6. 木材面的含水率应在（　　）以下。

A. 8%　　B. 10%　　C. 12%　　D. 15%

7. 各工艺之间应安排足够的干燥时间，以免产生（　　）现象。

A. 混色　　B. 变色　　C. 清色　　D. 本色

8. 木门窗施涂油漆时，一般先刷（　　）。

A. 平面　　B. 左侧面　　C. 右侧面　　D. 上下冒头

9. 嵌批腻子时，批板要握得倾斜些，与边缘约为（　　）左右。

A. 60°　　B. 70°　　C. 80°　　D. 85°

10. 腻子干透后必须用（　　）号砂纸打磨木门窗的各个表面。

A. 1　　B. 2　　C. 3　　D. 4

11. 对较粗糙的基层施涂铅油，开油间距一般取（　　）mm 为宜。

A. 30～40　　B. 40～50　　C. 50～60　　D. 60～70

12. 木门窗施涂油漆时，油漆刷刷毛浸入漆中的部分以刷毛长的（　　）为宜。

A. 1/2　　B. 2/3　　C. 3/4　　D. 4/5

13. 涂料若有结皮现象，应用（　　）目筛子过滤后方可使用。

A. 50　　B. 60　　C. 70　　D. 80

14. 为保证分色线的清晰、整洁，若有越界余漆应及时用纱布蘸（　　）擦净。

A. 苯　　B. 油　　C. 水　　D. 松香水

15. 水老粉的质量比为老粉∶水＝1∶0.8～1∶（　　）。

A. 1　　B. 1.2　　C. 1.3　　D. 1.4

16. 当满批的屋面面积小于（　　）m^2 时，腻子可一次满批敷完，然后再收刮干净。

A. 2～2.5　　B. 1.5～2　　C. 1.5～3　　D. 2.5～3

17. 腻子中的油料应适量，以防因（　　）过多而干燥慢，不易磨净。

A. 油料　　B. 颜料　　C. 石膏　　D. 配料

18. 如果酚醛清漆太稠，可适量加点（　　）。

A. 煤油　　B. 松节油　　C. 汽油　　D. 柴油

19. 常温下醇酸清漆需经（　　）h 后方能干燥。

A. 6　B. 12　C. 18　D. 24

20. 若用（　）打底，不可在已施涂的漆面上单独进行零星补刷，以免造成色差。

A. 虫胶清漆　B. 调和漆　C. 石膏　D. 老粉

21. 抹水老粉时应一次用竹花或棉纱揩拭干净，尽可能不在施涂清油时进行打磨，以免（　）。

A. 发光　B. 发霉　C. 发花　D. 发泡

22. 常温下酚醛清漆需经（　）h后方能干燥。

A. 6　B. 12　C. 18　D. 24

23. 施涂醇酸清漆，一般施涂（　）个回路时，即进行横油和理油。

A. 2～3　B. 6～7　C. 7～8　D. 8～9

24. 腻子一般现配现用，少用或不用已存放几天的剩余腻子，因为这些腻子中的体质颜料与油、水过多分离会降低（　）。

A. 脆性　B. 塑性　C. 弹性　D. 韧性

25. 用虫胶清漆打底能起到隔离作用，使面层涂料不会渗入木材基层，但容易刷花，遇到气候湿度大时容易泛（　）。

A. 黄　B. 红　C. 白　D. 绿

26. 旧木门通过旧涂膜脱漆处理后，应用酒精擦洗掉脱漆剂中残留的（　）质成分，以保证腻子或涂膜的粘接。

A. 钙　B. 蜡　C. 酸　D. 碱

27. 旧门窗施涂清色漆时，经过全面脱漆清洗并打磨干净后，往往采用嵌批（　）的工艺。

A. 石膏油腻子　B. 石膏　C. 老粉　D. 滑石粉

28. 对于混色漆，可直接在腻子疤及被砂纸磨损的部位补刷经配色的（　）。

A. 油色　B. 水色　C. 铅油　D. 补色

29. 碱液清洗不易洗净，木质泛（　）。

A. 红　B. 黄　C. 白　D. 黑

30. 新门窗施涂清色漆时，基层处理的第二道工序是抹（　）。

A. 石膏油腻子　B. 石膏　C. 老粉　D. 滑石粉

31. 若遇被烟熏过的门窗表面，应用（　　）液清洗一遍。

A. 钙　B. 蜡　C. 酸　D. 碱

32. 对于木材中树脂的处理，适用于木材表面混色涂料装饰的方法是（　　）。

A. 烧铲法　B. 溶剂法　C. 碱烧法　D. 酸洗法

33. 木地板施涂底油时，可采用（　　）。

A. 漆刷　B. 漆扇　C. 滚筒　D. 排笔

34. 木地板混色漆满批腻子要进行（　　）遍。

A. 1　B. 2　C. 3　D. 4

35. 待石膏油腻子干透后，用（　　）号砂纸打磨表面并清理干净。

A. 1　B. 2　C. 11/2　D. 3

36. 施涂地板油漆，应在施涂前关好（　　）。

A. 门　B. 窗　C. 灯　D. 空调

37. 可利用金属盐类处理木材中的单宁，如用（　　）等。

A. 氯化铜　B. 氯化钙　C. 碳酸钠　D. 碳酸钙

38. 清理洞、缝里的灰尘，一般采用（　　）除灰。

A. 吹风机　B. 皮老虎　C. 掸灰刷　D. 扫帚

39. 将调配好的石膏油腻子均匀地倒在房间里角距离墙（　　）cm 的直线上。

A. 5　B. 10　C. 15　D. 20

40. 用油漆刷施涂铅油时，操作姿势是（　　）。

A. 弯腰向上　B. 坐在地板上　C. 蹲在地板上　D. 弯腰向下

41. 在地板上施涂油漆时，操作人员禁止穿（　　）鞋。

A. 布底　B. 拖　C. 硬底　D. 软底

42. 双氧水是一种应用较广、效果较好的漂白剂，其浓度为 15%～（　　）。

A. 30%　B. 35%　C. 45%　D. 50%

43. 施涂底油时可使用（　　）。

A. 油漆刷　B. 排笔　C. 鬃刷　D. 漆刷

44. 对地板（　　）的处理不同于混色漆的满批，应以满批干净、不残存石膏油腻子为原则。

A. 拼缝　　B. 木纹　　C. 花纹　　D. 席纹

45. 常温下虫胶清漆的干燥时间是（　　）h。

A. 3　　B. 6　　C. 9　　D. 12

46. 施涂大面积清漆时，要注意（　　），以免发生中毒事故。

A. 漆液不宜过厚　　B. 漆液不宜过薄

C. 施涂工具的选用　　D. 空气的流通

47. 满批石膏油腻子应事先配好（　　）。

A. 湿度　　B. 硬度　　C. 配合比　　D. 颜色

48. 用淡虫胶漆法处理木毛刺的配比是虫胶片∶酒精＝1∶（　　）。

A. 5　　B. 5.5　　C. 6　　D. 6.5

49. 遇到大面积的场地施工时，由于人员不够而采用阶梯涂刷法，阶梯间的距离不应大于（　　）mm。

A. 600　　B. 650　　C. 700　　D. 750

50. 对于固定顶棚面板的螺钉或铁钉，应将钉帽钉入板面（　　）mm。

A. 0.5～1.5　　B. 2～3　　C. 3～4　　D. 4～5

51. 对有钻孔的顶棚板满批时，不应用腻子填塞孔洞，这样会提高对（　　）噪声的吸收能力。

A. 高频　　B. 中高频　　C. 中频　　D. 低频

52. 顶棚板面接缝处，将宽 50 mm 的纱布贴在接缝处，应采用（　　）粘贴。

A. 聚乙烯醇缩甲醛　　B. 氨基化聚乙烯醇缩甲醛

C. 聚醋酸乙烯乳液　　D. 羧甲基纤维素

53. 施涂面漆时，要求搭接疤与上遍（　　）留下的搭接疤错开。

A. 铅油　　B. 腻子　　C. 底油　　D. 防锈漆

54. 对于大面积的平面，应使用（　　）的腻子。

A. 较稀　　B. 中厚　　C. 较厚　　D. 厚

55. 对于固定顶棚面板的螺钉或铁钉，应将钉帽钉入板面内，还必须涂（　　）漆。

A. 清色　　B. 混色　　C. 厚白　　D. 防锈

56. 习惯上人们把高温下空气对金属的侵蚀叫做氧化，它的产物叫做（　　）。

A. 乳化皮　　B. 氧化皮　　C. 结皮　　D. 氯化皮

57. 钢门窗出白后，用掸灰刷掸净灰尘，再用汽油擦净，应（　　）施涂防锈漆。

A. 过 48 h　　B. 过 24 h　　C. 过 8 h　　D. 立即

58. 钢门窗用的腻子，最好加入（　　）的防锈漆，以增强腻子的防锈能力。

A. 2%　　B. 3%　　C. 4%　　D. 5%

59. 通常在施涂防锈漆和嵌批腻子完成后，应尽量提前安排施涂底漆，一般不要超过（　　）天。

A. 5　　B. 10　　C. 15　　D. 20

60. 在冬季涂刷室外部位时，一般（　　）点以后不能再施涂调和漆。

A. 8　　B. 12　　C. 16　　D. 20

61. 红丹防锈漆中含有大量（　　）质，打磨时应采取防护措施。

A. 铁　　B. 铅　　C. 钾　　D. 钙

62. 化学除锈一般采用（　　）。

A. 物理洗　　B. 碱洗　　C. 酸洗　　D. 溶剂洗

63. 钢门施涂防锈漆，应先刷（　　）。

A. 油灰　　B. 门板　　C. 侧边　　D. 上下冒头

64. 嵌批时，应先把大的洞、缝用较稠硬的腻子嵌补平整，一次不宜嵌补得过厚，应控制在（　　）mm 以下。

A. 3　　B. 3.5　　C. 4　　D. 4.5

65. 施涂底漆可用铅油和调和漆调配而成，其中铅油占（　　）。

A. 30%　　B. 40%　　C. 50%　　D. 60%

66. 钢门窗施涂完底漆，待（　　）h 干透后，用旧的 1 号铁砂布或木砂纸进行打磨。

A. 8　　B. 12　　C. 16　　D. 20

67. 钢门窗施涂防锈漆时，（　　）防锈漆是不常用的。

A. 红丹油性　　B. 铁红油性　　C. 红丹酚醛　　D. 锌黄醇酸

68. 调配好的磷化底漆需存放（　　）min，经化学反应后才能使用。

A. 10　　B. 20　　C. 30　　D. 60

69. 施涂磷化底漆后，在（　　）℃左右的气温下约 1 h 能干，然后施涂锌黄醇酸底漆。

A. 8　　B. 10　　C. 12　　D. 20

70. 镀锌铁皮的面漆如为浅色调和漆，应施涂（　　）遍。

A. 1　　B. 2　　C. 3　　D. 4

71. 在 20℃左右的气温下施涂磷化底漆，干燥时间是（　　）h。

A. 1　　B. 2　　C. 3　　D. 4

72. 镀锌铁皮表面施涂磷化底漆时，天气要（　　）。

A. 潮湿　　B. 阴冷　　C. 干燥　　D. 湿热

73. 镀锌铁皮的面漆一天只能施涂（　　）遍。

A. 1　　B. 2　　C. 3　　D. 4

74. 腻子的干燥速度一定要掌握好，保证在（　　）h 内能干透打磨。

A. 12　　B. 14　　C. 16　　D. 18

75. 调配好的磷化底漆，要在（　　）h 内用完。

A. 12　　B. 14　　C. 16　　D. 18

76. 在抹灰面上施涂调和漆，其含水率应控制在（　　）以下。

A. 6%　　B. 8%　　C. 10%　　D. 12%

77. 每次嵌补腻子的厚度一般不宜超过（　　）mm。

A. 2　　B. 3　　C. 4　　D. 5

78. 施涂过血料水或抄过清油的基层面，能节省（　　）的铅油。

A. 5%～10%　　B. 10%～20%　　C. 20%～30%　　D. 30%～40%

79. 施涂第一遍铅油后，在常温下需过（　　）h 再进行下一道工序。

A. 10　　B. 12　　C. 14　　D. 16

80. 施涂抹灰面普通油漆，深色漆为（　　）遍成活。

A. 1　　B. 2　　C. 3　　D. 4

81. 嵌补抹灰面上的洞、缝可用（　　）mm 的铲刀或牛角翘。

A. 25～38　　B. 38～50　　C. 50～76　　D. 76～100

82. 7 档以下的合梯，绳索可系在从下往上的第（　　）档上。

A. 1　　B. 2　　C. 3　　D. 4

83. 如墙面上沾有沥青、油污之类的东西，要用（　　）擦净。

A. 汽油　　B. 水　　C. 乙醇　　D. 清油

84. 满批腻子时每次批刮的厚度不宜超过（　　）mm。

A. 1　　B. 2　　C. 3　　D. 4

85. 待第一遍腻子干透后，用砂纸进行打磨，打磨时要（　　）磨。

A. 圆圈　　B. 斜　　C. 横　　D. 直

86. 施涂第一遍铅油时，上下左右的搭头要轻轻理过（　　）mm 为好，否则会留下搭头疤。

A. 200　　B. 150　　C. 100　　D. 50

87. 刷涂抹灰面油漆时，上下左右的搭头要轻轻理过（　　）mm 为好，否则会留下搭头疤。

A. 50　　B. 80　　C. 100　　D. 200

88. 施涂抹灰面调和漆时，一般选用（　　）mm 的油漆刷为好。

A. 25～38　　B. 38～50　　C. 50～76　　D. 76～100

89. 使用跳板时，跳板上最多只准站（　　）个人。

A. 1　　B. 2　　C. 3　　D. 4

90. 砼和抹灰面施涂溶剂型涂料时，含水率不得大于（　　）。

A. 8%　　B. 10%　　C. 12%　　D. 15%

91. 对于较大的洞和裂缝，可先用（　　）进行嵌补。

A. 纯油　　B. 胶油　　C. 虫胶　　D. 纸筋灰

92. 喷涂用的石灰浆，先用（　　）目铜丝箩过滤头遍，再用（　　）目铜丝箩过滤第二遍才能使用。

A. 40；80　　B. 30；70　　C. 40；70　　D. 30；80

93. 喷涂墙面时，要对门窗四周进行遮盖，并先在门樘、窗樘四周涂刷一排笔宽约（　　）mm 的石灰浆。

A. 50　　B. 100　　C. 150　　D. 200

94. 喷一间房应先把墙与平顶交接处喷好，并在墙顶四周喷出 20～（　　）cm 宽的边条。

A. 60　　B. 50　　C. 40　　D. 30

95. 喷涂用的头遍浆要配得（　　）些，以增加石灰浆与被涂物面的附着力。

A. 薄　　B. 稠　　C. 硬　　D. 软

96. 涂刷石灰浆一般使用（　　）管排笔。

A. 10　　B. 15　　C. 20　　D. 25

97. 旧的水泥表面如有油污等污垢，应先用（　　）的氢氧化钠溶液刷洗，然后再用清水将碱液和污垢等冲洗干净。

A. 5%～6%　　B. 4%～5%　　C. 3%～4%　　D. 1%～2%

98. 清除抹灰面的旧涂膜，可采用（　　）。

A. 火喷法　　B. 刀铲法　　C. 脱漆法　　D. 碱洗法

99. 腻子一次不能批刮得太厚，否则不易干燥且容易开裂，一次批刮厚度一般不得超过（　　）mm。

A. 1　　B. 1.5　　C. 2　　D. 2.5

100. 涂刷水性涂料时，每排排笔的刷距是（　　）mm。

A. 250～300　　B. 300～350　　C. 350～400　　D. 550～600

101. 抹灰面施涂水性涂料时，要求墙面含水率不得超过（　　）。

A. 6%　　B. 8%　　C. 10%　　D. 12%

102. 石膏板板面刷涂各种水性涂料时，如果室内的相对湿度大于（　　），则要进行防潮处理。

A. 55%　　B. 60%　　C. 65%　　D. 70%

103. 刷浆时，上下排笔之间的搭接距离是（　　）mm。

A. 10～30　　B. 20～40　　C. 50～70　　D. 80～100

104. 批刮时，刮板与墙面的角度约为（　　）。

A. 20°　　B. 30°　　C. 40°　　D. 50°

105. 对于尚未干透的水泥砂浆抹灰面，可采用15%的醋酸溶液或（　　）的盐酸溶液进行中和处理，再用清水冲洗干净，待干透后再涂饰。

A. 3%　　B. 4%　　C. 5%　　D. 6%

106. 刷涂乳胶漆的基层面，其含水率不得超过（　　），pH 值应小于 9。

A. 8%　　B. 10%　　C. 12%　　D. 14%

107. 如果乳胶漆稠度过大，可加适量清水，但最大加入量不得超过（　　）。

A. 10%　　B. 20%　　C. 30%　　D. 40%

108. 乳胶漆应储存在室内，温度应在（　　）℃以上。

A. 0　　B. 5　　C. 10　　D. 15

109. 室外墙面嵌补腻子的配比为白水泥：801 胶＝2：（　　）。

A. 1　　B. 2　　C. 3　　D. 4

110. 涂刷外墙涂料乳胶漆时面漆要涂两遍，待第一遍涂层干透后才能涂第二遍，一般气温在 25℃时需等待（　　）h 以上。

A. 4　　B. 3　　C. 2　　D. 1

111. 砼或水泥砂浆抹灰面需经（　　）天，待表面碱性下降至 pH 值小于 10，基层表面含水率不大于 10%，方可进行施涂。

A. 30　　B. 40　　C. 45　　D. 55

112. 环境条件和温、湿度能直接影响外墙施涂质量，如湿度超过（　　）应暂缓施工。

A. 65%　　B. 70%　　C. 75%　　D. 80%

113. 常温下约（　　）h 后底涂料即干透。

A. 1　　B. 2　　C. 2～3　　D. 4～6

114. 室外墙面涂刷、滚涂或机喷外用乳胶漆（　　）遍成活。

A. 4　　B. 3　　C. 2　　D. 1

115. 内墙乳胶漆不能日晒雨淋，温度超过（　　）℃，乳胶漆就会聚合膨胀。

A. 30　　B. 40　　C. 50　　D. 60

116. 满批腻子时，用胶粉腻子满批（ ）遍，直至平整。

A. 4　B. 3　C. 2　D. 1

117. 涂刷底胶的配合比是107胶∶水=1∶（ ）。

A. 1　B. 2　C. 3　D. 4

118. 裱糊壁纸用的胶粘剂的质量配比是107胶∶纤维素∶水=10∶1∶（ ）。

A. 5　B. 8　C. 12　D. 15

119. 要注意阴、阳角顺直，用（ ）m长的直尺检查偏差不得超过2 mm。

A. 1　B. 2　C. 2.5　D. 3

120. 嵌补时要求基本嵌平，如阴、阳角不顺直，可以用（ ）加以修直。

A. 腻子　B. 石灰膏　C. 石膏　D. 水泥浆

121. 用底胶或底油做封闭处理，可防止抹灰面层渗吸水分和产生（ ）等质量问题。

A. 脱胶　B. 脱水　C. 脱油　D. 脱脂

122. 一般塑料壁纸的浸泡时间为（ ）min。

A. 1～5　B. 5～10　C. 10～15　D. 15～20

123. 在墙上刷胶粘剂时，可比壁纸的幅宽多刷出（ ）mm。

A. 1　B. 5　C. 10　D. 15

124. 裱糊顶棚壁纸的操作难度和劳动强度都大于裱糊墙面壁纸，所以一般需要（ ）人共同完成。

A. 1　B. 2　C. 3　D. 4

125. 裱糊壁纸时，空气相对湿度不应高于（ ）。

A. 55%　B. 65%　C. 75%　D. 85%

126. 在木质胶合板上裱糊壁纸时，应将木螺钉或钉子钉入并深入板面（ ）mm。

A. 1～2　B. 2～3　C. 3～4　D. 4～5

127. 对于一般房屋顶棚，可在顶棚的长度和宽度方向弹出（ ）。

A. 平整线　B. 垂直线　C. 水平线　D. 中心线

128. 裱糊一般壁纸，应先从（ ）处开始贴第一幅。

A. 门左侧　B. 门右侧　C. 门后阴角　D. 门后阳角

129. 一般塑料壁纸在幅宽方向的膨胀率为0.5%～（　　）。

A. 0.8%　　B. 0.9%　　C. 1%　　D. 1.2%

130. 裱糊基层颜色不一致的旧墙面时，为避免壁纸裱贴后透底，可在底胶中加入（　　）白色的803涂料。

A. 30%　　B. 40%　　C. 50%　　D. 60%

131. 待嵌补腻子干透后，应满批胶粉腻子（　　）遍，遇低处应填补，遇高处应刮净。

A. 4～5　　B. 3～4　　C. 2～3　　D. 1～2

132. 用石膏桐油腻子把接缝和洞眼嵌平，然后在接缝处用乳胶粘贴一层（　　）mm宽的穿孔胶带纸以防开裂。

A. 30　　B. 40　　C. 50　　D. 60

133. 底胶或底油一般采用熟桐油加松香水配制，其质量比为熟桐油∶松香水＝1∶（　　）。

A. 1　　B. 2　　C. 2.5　　D. 3

134. 普通门窗玻璃和花玻璃是指长（　　）m以内、厚5～6 mm的平板玻璃。

A. 1　　B. 2　　C. 3　　D. 4

135. 刀划下去时，只要听到玻璃面上发出清晰的（　　）声，表明用力适当，就要一气划成。

A. “呼”　　B. “嘘”　　C. “嘶”　　D. “叽”

136. 裁划好的玻璃，可以叠加（　　）。

A. 平放　　B. 垂直放　　C. 靠边垂直放　　D. 靠墙立放

137. 安装木窗玻璃时，不可以先钉（　　）侧钉子。

A. 上　　B. 下　　C. 左　　D. 右

138. 安装天窗玻璃时，在两块玻璃的搭接处要注意（　　）。

A. 逆水搭接　　B. 顺水搭接　　C. 平接　　D. 对接

139. 油灰在常温下，一般在（　　）昼夜内硬化。

A. 10　　B. 15　　C. 20　　D. 24

140. 安装花玻璃、磨砂玻璃时，（　　）。

A. 花面、毛面均向外　　B. 花面、毛面均向内

C. 花面向外、毛面向内　　D. 花面向内、毛面向外

141. 油灰填抹质量（　　）的标准是：底灰饱满，油灰与玻璃、裁口粘接牢固，边缘与裁口齐平。

A. 优　　B. 良　　C. 中　　D. 合格

142. 刮抹油灰应熟练，油灰应比槽口低（　　）mm。

A. 1　　B. 1.2　　C. 1.5　　D. 2

143. 固定玻璃用的（　　）应装在工具袋内，不能贪图方便而含在嘴里进行施工操作。

A. 钉子　　B. 油灰刀　　C. 玻璃刀　　D. 铲刀

144. 普通门窗玻璃和花玻璃是指长 2 m 以内、厚（　　）mm 的平板玻璃。

A. 2～3　　B. 3～4　　C. 4～5　　D. 5～6

145. 裁划玻璃时要注意用力点在刀头上，用力不宜过重或过轻，约（　　）N 左右即可。

A. 20　　B. 15　　C. 10　　D. 5

146. 若玻璃框为 400 mm×400 mm，则实际裁划净尺寸为（　　）。

A. 400 mm×400 mm　　B. 397 mm×397 mm

C. 395 mm×395 mm　　D. 390 mm×390 mm

147. 自配油灰是用老粉和（　　）调拌而成。

A. 熟桐油　　B. 生桐油　　C. 调和油　　D. 铅油

148. 斜天窗重叠处如坡度大于 25%，要搭接（　　）mm 左右。

A. 50　　B. 40　　C. 35　　D. 30

149. 安装玻璃前，应将裁口内的污垢清除干净，并沿裁口的全长均匀涂抹（　　）mm 厚的底油灰。

A. 1～3　　B. 2～4　　C. 4～5　　D. 5～6

150. 斜天窗重叠处如坡度小于 25%，要搭接（　　）mm 左右。

A. 50　　B. 40　　C. 35　　D. 30

151. 玻璃安装后表面应符合规定，质量分为（　　）级。

A. 1　　B. 2　　C. 3　　D. 4

152. 如油灰有断裂，必须将油灰（　　）铲除干净，重新刮涂。

A. 部分　　B. 一半　　C. 全部　　D. 断裂处

153. 在没有防护措施的高处安装外墙玻璃时，应（　　）。

A. 提高安装速度　　B. 提高安装质量

C. 系好安全带　　D. 戴好安全帽

154. 玻璃磨边常用的方法是（　　）。

A. 砂轮磨边法　　B. 砂纸磨边法

C. 铁砂纸磨边法　　D. 水砂纸磨边法

155. 金刚砂磨边法的角铁长度一般是磨边玻璃长度的（　　）倍。

A. 1　　B. 2　　C. 3　　D. 4

156. 平均 1 mm 厚的玻璃重量为（　　）kg/m^2。

A. 0.5　　B. 2.5　　C. 2　　D. 1

157. 3 mm 厚的玻璃重量为（　　）kg/m^2。

A. 4　　B. 5　　C. 7.5　　D. 10

158. 小规格的整箱玻璃可堆放（　　）层，大规格的必须单层立放。

A. 2～3　　B. 4～5　　C. 6～7　　D. 8～9

159. 玻璃木箱箱底必须离地（　　）以上。

A. 8 mm　　B. 8 cm　　C. 10 mm　　D. 10 cm

160. 行灯电压不得超过（　　）V。

A. 36　　B. 40　　C. 50　　D. 60

161. 梯子横档间距以（　　）cm 为宜。

A. 60　　B. 50　　C. 40　　D. 30

162. 使用（　　）、脱漆剂清除旧漆膜时，应切断电源。

A. 汽油　　B. 水　　C. 铲刀　　D. 钢丝刷

163. 铅中毒的发生是因为使用（　　）和其他含有铅化合物的涂料而引起的。

A. 偏硼酸钡　　B. 云母氧化铁　　C. 红丹防锈漆　　D. 铝

第 4 部分

操作技能复习题

材料与工具准备

一、着色颜料的识别（试题代码[①]：1.1.1；考核时间：40 min）

1. 试题单

（1）操作条件

1）设置一工作台。

2）统一型号透明玻璃瓶 10 只，每只瓶上分别贴有 1～10 的编号标签。

3）10 只瓶中分别放入氧化铁黄、氧化铁红、氧化铁黑、哈巴粉、黄纳粉、黑纳粉、酸性大红、块子金黄、钛白粉、老粉 10 种着色颜料，并将这些颜料随意放在工作台上。

4）每位考生发一份答题纸，考生根据所学知识及操作经验，按操作要求，把 10 只瓶中的不同着色颜料识别出来，并将瓶上所贴标签编号填入答题纸上所印的材料名称旁的空栏内。

5）根据给定的条件，在规定的时间内完成识别。

（2）操作内容

1）氧化铁黄的识别。

① 试题代码表示该试题在操作技能考核方案表格中的所属位置。左起第一位表示项目号，第二位表示单元号，第三位表示在该项目、单元下的第几个试题。

2）氧化铁红的识别。

3）氧化铁黑的识别。

4）哈巴粉的识别。

5）钛白粉的识别。

（3）操作要求

1）在 2 只玻璃瓶中分别放入两种色粉，要求正确识别出氧化铁黄。

2）在 2 只玻璃瓶中分别放入两种色粉，要求正确识别出氧化铁红。

3）在 2 只玻璃瓶中分别放入两种色粉，要求正确识别出氧化铁黑。

4）在 2 只玻璃瓶中分别放入两种色粉，要求正确识别出哈巴粉。

5）在 2 只玻璃瓶中分别放入两种色粉，要求正确识别出钛白粉。

2. 评分表

试题代码及名称		1.1.1　着色颜料的识别			考核时间					40 min
评价要素		配分	等级	评分细则	评定等级					得分
					A	B	C	D	E	
1	氧化铁黄的识别	4	A	识别正确						
			B	—						
			C	—						
			D	差						
			E	未答题						
2	氧化铁红的识别	4	A	识别正确						
			B	—						
			C	—						
			D	差						
			E	未答题						
3	氧化铁黑的识别	4	A	识别正确						
			B	—						
			C	—						
			D	差						
			E	未答题						

续表

试题代码及名称		1.1.1　着色颜料的识别			考核时间					40 min
评价要素		配分	等级	评分细则	评定等级					得分
					A	B	C	D	E	
4	哈巴粉的识别	4	A	识别正确						
			B	—						
			C	—						
			D	差						
			E	未答题						
5	钛白粉的识别	4	A	识别正确						
			B	—						
			C	—						
			D	差						
			E	未答题						
合计配分		20	合计得分							

等级	A（优）	B（良）	C（及格）	D（差）	E（未答题）
比值	1.0	0.8	0.6	0.2	0

“评价要素”得分＝配分×等级比值。

二、防锈颜料的识别（试题代码：1.1.2；考核时间：40 min）

1. 试题单

（1）操作条件

1）设置一工作台。

2）统一型号透明玻璃瓶 8 只，每只瓶上分别贴有 1～8 的编号标签。

3）8 只瓶中分别放入氧化铁黄、氧化铁红、铜金粉、铅粉、老粉、红丹粉、钛白粉、铝粉 8 种防锈颜料，并将这些颜料随意放在工作台上。

4）每位考生发一份答题纸，考生根据所学知识及操作经验，按操作要求，把 8 只瓶中的不同防锈颜料识别出来，并将瓶上所贴标签编号填入答题纸上所印的材料名称旁的空栏内。

5）根据给定的条件，在规定的时间内完成识别。

（2）操作内容

1）铜金粉的识别。

2）铅粉的识别。

3）红丹粉的识别。

4）铝粉的识别。

（3）操作要求

1）在2只玻璃瓶中分别放入两种防锈粉，要求正确识别出铜金粉。

2）在2只玻璃瓶中分别放入两种防锈粉，要求正确识别出铅粉。

3）在2只玻璃瓶中分别放入两种防锈粉，要求正确识别出红丹粉。

4）在2只玻璃瓶中分别放入两种防锈粉，要求正确识别出铝粉。

2. 评分表

试题代码及名称		1.1.2　防锈颜料的识别			考核时间					40 min
评价要素		配分	等级	评分细则	评定等级					得分
					A	B	C	D	E	
1	铜金粉的识别	5	A	识别正确						
			B	—						
			C	—						
			D	差						
			E	未答题						
2	铅粉的识别	5	A	识别正确						
			B	—						
			C	—						
			D	差						
			E	未答题						
3	红丹粉的识别	5	A	识别正确						
			B	—						
			C	—						
			D	差						
			E	未答题						

续表

试题代码及名称		1.1.2　防锈颜料的识别			考核时间					40 min
评价要素		配分	等级	评分细则	评定等级					得分
					A	B	C	D	E	
4	铝粉的识别	5	A	识别正确						
			B	—						
			C	—						
			D	差						
			E	未答题						
合计配分		20	合计得分							

等级	A（优）	B（良）	C（及格）	D（差）	E（未答题）
比值	1.0	0.8	0.6	0.2	0

“评价要素”得分＝配分×等级比值。

三、体质颜料的识别（试题代码：1.1.3；考核时间：40 min）

1. 试题单

（1）操作条件

1）设置一工作台。

2）统一型号透明玻璃瓶 6 只，每只瓶上分别贴有 1～6 的编号标签。

3）6 只瓶中分别放入碳酸钙、钛白粉、硫酸钙、碳酸钙、硅酸镁、硫酸钙，并将这些颜料随意放在工作台上。

4）每位考生发一份答题纸，考生根据所学知识及操作经验，按操作要求，把 6 只瓶中的不同体质颜料识别出来，并将瓶上所贴标签编号填入答题纸上所印的材料名称旁的空栏内。

5）根据给定的条件，在规定的时间内完成识别。

（2）操作内容

1）碳酸钙的识别。

2）硫酸钙的识别。

3）硅酸镁的识别。

（3）操作要求

1）在 2 只玻璃瓶中分别放入两种白色粉末，要求正确识别出碳酸钙。

2）在 2 只玻璃瓶中分别放入两种白色粉末，要求正确识别出硫酸钙。

3）在 2 只玻璃瓶中分别放入两种白色粉末，要求正确识别出硅酸镁。

2. 评分表

试题代码及名称		1.1.3 体质颜料的识别			考核时间					40 min
评价要素		配分	等级	评分细则	评定等级					得分
					A	B	C	D	E	
1	碳酸钙的识别	6	A	识别正确						
			B	—						
			C	—						
			D	差						
			E	未答题						
2	硫酸钙的识别	7	A	识别正确						
			B	—						
			C	—						
			D	差						
			E	未答题						
3	硅酸镁的识别	7	A	识别正确						
			B	—						
			C	—						
			D	差						
			E	未答题						
合计配分		20	合计得分							

等级	A（优）	B（良）	C（及格）	D（差）	E（未答题）
比值	1.0	0.8	0.6	0.2	0

“评价要素”得分＝配分×等级比值。

四、常用油性材料的识别（试题代码：1.1.4；考核时间：40 min）

1. 试题单

(1) 操作条件

1) 设置一工作台。

2) 统一型号透明玻璃瓶 8 只，每只瓶上分别贴有 1～8 的编号标签。

3) 8 只瓶中分别放入熟桐油、油基清漆、聚合清油、醇酸清漆、铅油、白胶、调和漆、广漆 8 种油性材料，并将这些材料随意放在工作台上。

4) 每位考生发一份答题纸，考生根据所学知识及操作经验，按操作要求，把 8 只瓶中的不同油性材料识别出来，并将瓶上所贴标签编号填入答题纸上所印的材料名称旁的空栏内。

5) 根据给定的条件，在规定的时间内完成识别。

(2) 操作内容

1) 熟桐油的识别。

2) 聚合清油的识别。

3) 铅油的识别。

4) 调和漆的识别。

(3) 操作要求

1) 在 2 只玻璃瓶中分别放入两种油漆，要求正确识别出熟桐油。

2) 在 2 只玻璃瓶中分别放入两种油漆，要求正确识别出聚合清油。

3) 在 2 只玻璃瓶中分别放入两种油漆，要求正确识别出铅油。

4) 在 2 只玻璃瓶中分别放入两种油漆，要求正确识别出调和漆。

2. 评分表

试题代码及名称		1.1.4 常用油性材料的识别			考核时间					40 min
评价要素		配分	等级	评分细则	评定等级					得分
					A	B	C	D	E	
1	熟桐油的识别	5	A	识别正确						
			B	—						
			C	—						
			D	差						
			E	未答题						

续表

试题代码及名称		1.1.4 常用油性材料的识别			考核时间					40 min
评价要素		配分	等级	评分细则	评定等级					得分
					A	B	C	D	E	
2	聚合清油的识别	5	A	识别正确						
			B	—						
			C	—						
			D	差						
			E	未答题						
3	铅油的识别	5	A	识别正确						
			B	—						
			C	—						
			D	差						
			E	未答题						
4	调和漆的识别	5	A	识别正确						
			B	—						
			C	—						
			D	差						
			E	未答题						
合计配分		20	合计得分							

等级	A（优）	B（良）	C（及格）	D（差）	E（未答题）
比值	1.0	0.8	0.6	0.2	0

“评价要素”得分＝配分×等级比值。

五、常用树脂材料的识别（试题代码：1.1.5；考核时间：40 min）

1. 试题单

(1) 操作条件

1）设置一工作台。

2）统一型号透明玻璃瓶 10 只，每只瓶上分别贴有 1～10 的编号标签。

3）10 只瓶中分别放入虫胶清漆、调和漆、酚醛清漆、熟桐油、醇酸清漆、聚合清油、硝基清漆、油基清漆、聚氨酯清漆、菜油 10 种树脂材料，并将这些材料随意放在工作台上。

4）每位考生发一份答题纸，考生根据所学知识及操作经验，按操作要求，把 10 只瓶中的不同树脂材料识别出来，并将瓶上所贴标签编号填入答题纸上所印的材料名称旁的空栏内。

5）根据给定的条件，在规定的时间内完成识别。

（2）操作内容

1）虫胶清漆的识别。

2）酚醛清漆的识别。

3）醇酸清漆的识别。

4）硝基清漆的识别。

5）聚氨酯清漆的识别。

（3）操作要求

1）在 2 只玻璃瓶中分别放入两种油漆，要求正确识别出虫胶清漆。

2）在 2 只玻璃瓶中分别放入两种油漆，要求正确识别出酚醛清漆。

3）在 2 只玻璃瓶中分别放入两种油漆，要求正确识别出醇酸清漆。

4）在 2 只玻璃瓶中分别放入两种油漆，要求正确识别出硝基清漆。

5）在 2 只玻璃瓶中分别放入两种油漆，要求正确识别出聚氨酯清漆。

2. 评分表

试题代码及名称		1.1.5　常用树脂材料的识别			考核时间					40 min
评价要素		配分	等级	评分细则	评定等级					得分
					A	B	C	D	E	
1	虫胶清漆的识别	4	A	识别正确						
			B	—						
			C	—						
			D	差						
			E	未答题						

续表

试题代码及名称		1.1.5　常用树脂材料的识别			考核时间					40 min
评价要素		配分	等级	评分细则	评定等级					得分
					A	B	C	D	E	
2	酚醛清漆的识别	4	A	识别正确						
			B	—						
			C	—						
			D	差						
			E	未答题						
3	醇酸清漆的识别	4	A	识别正确						
			B	—						
			C	—						
			D	差						
			E	未答题						
4	硝基清漆的识别	4	A	识别正确						
			B	—						
			C	—						
			D	差						
			E	未答题						
5	聚氨酯清漆的识别	4	A	识别正确						
			B	—						
			C	—						
			D	差						
			E	未答题						
合计配分		20	合计得分							

等级	A（优）	B（良）	C（及格）	D（差）	E（未答题）
比值	1.0	0.8	0.6	0.2	0

“评价要素”得分＝配分×等级比值。

六、常用油性溶剂的识别（试题代码：1.1.6；考核时间：40 min）

1. 试题单

（1）操作条件

1）设置一工作台。

2）统一型号透明玻璃瓶 8 只，每只瓶上分别贴有 1～8 的编号标签。

3）8 只瓶中分别放入松节油、二甲苯、松香水、清水、煤油、酒精、汽油、香蕉水 8 种油性溶剂，并将这些溶剂随意放在工作台上。

4）每位考生发一份答题纸，考生根据所学知识及操作经验，按操作要求，把 8 只瓶中的不同油性溶剂识别出来，并将瓶上所贴标签编号填入答题纸上所印的材料名称旁的空栏内。

5）根据给定的条件，在规定的时间内完成识别。

（2）操作内容

1）松节油的识别。

2）松香水的识别。

3）煤油的识别。

4）汽油的识别。

（3）操作要求

1）在 2 只玻璃瓶中分别放入两种溶剂，要求正确识别出松节油。

2）在 2 只玻璃瓶中分别放入两种溶剂，要求正确识别出松香水。

3）在 2 只玻璃瓶中分别放入两种溶剂，要求正确识别出煤油。

4）在 2 只玻璃瓶中分别放入两种溶剂，要求正确识别出汽油。

2. 评分表

试题代码及名称		1.1.6　常用油性溶剂的识别			考核时间					40 min
评价要素		配分	等级	评分细则	评定等级					得分
					A	B	C	D	E	
1	松节油的识别	5	A	识别正确						
			B	—						
			C	—						
			D	差						
			E	未答题						

续表

试题代码及名称		1.1.6 常用油性溶剂的识别			考核时间					40 min
评价要素		配分	等级	评分细则	评定等级					得分
					A	B	C	D	E	
2	松香水的识别	5	A	识别正确						
			B	—						
			C	—						
			D	差						
			E	未答题						
3	煤油的识别	5	A	识别正确						
			B	—						
			C	—						
			D	差						
			E	未答题						
4	汽油的识别	5	A	识别正确						
			B	—						
			C	—						
			D	差						
			E	未答题						
合计配分		20	合计得分							

等级	A（优）	B（良）	C（及格）	D（差）	E（未答题）
比值	1.0	0.8	0.6	0.2	0

“评价要素”得分＝配分×等级比值。

七、常用砂纸（布）的选用（试题代码：1.1.8；考核时间：40 min）

1. 试题单

(1) 操作条件

1）设置一工作台。

2）将0号木砂纸、1号木砂纸、1.5号木砂纸、220号水砂纸、280号水砂纸、400号水砂纸、0 号铁砂布、1 号铁砂布、1.5 号铁砂布这 9 种砂纸（布）分别贴上 1～9 的编号标签，并将这些砂纸（布）随意放在工作台上。

3）每位考生发一份答题纸，考生根据所学知识及操作经验，按操作要求，选用合适材料，并将砂纸（布）上所贴标签编号填入答题纸上所印的材料名称旁的空栏内。

4）根据给定的条件，在规定的时间内完成选用。

（2）操作内容

1）金属除锈砂纸（布）的选用。

2）打磨砂纸（布）的选用（适用于木制品透明涂饰满批腻子）。

3）擦砂蜡前砂纸（布）的选用。

（3）操作要求

1）将各个品种、规格的砂纸（布）放在工作台上，要求正确选出金属除锈砂纸（布）。

2）将各个品种、规格的砂纸（布）放在工作台上，要求正确选出适用于打磨木制品透明涂饰满批腻子的砂纸（布）。

3）将各个品种、规格的砂纸（布）放在工作台上，要求正确选出擦砂蜡前使用的砂纸（布）。

2. 评分表

试题代码及名称		1.1.8　常用砂纸（布）的选用			考核时间					40 min
评价要素		配分	等级	评分细则	评定等级					得分
					A	B	C	D	E	
1	金属除锈砂纸（布）的选用	6	A	选用正确						
			B	—						
			C	—						
			D	差						
			E	未答题						
2	打磨砂纸（布）的选用（适用于木制品透明涂饰满批腻子）	7	A	选用正确						
			B	—						
			C	—						
			D	差						
			E	未答题						

续表

试题代码及名称		1.1.8　常用砂纸（布）的选用			考核时间					40 min
评价要素		配分	等级	评分细则	评定等级					得分
					A	B	C	D	E	
3	擦砂蜡前砂纸（布）的选用	7	A	选用正确						
			B	—						
			C	—						
			D	差						
			E	未答题						
合计配分		20	合计得分							

等级	A（优）	B（良）	C（及格）	D（差）	E（未答题）
比值	1.0	0.8	0.6	0.2	0

“评价要素”得分＝配分×等级比值。

八、常用油漆刷的选用（试题代码：1.2.1；考核时间：20 min）

1. 试题单

（1）操作条件

1）设置一工作台。

2）将1.5英寸、2英寸、2.5英寸、3英寸的新、旧各1把共8把油漆刷分别贴上1～8的编号标签，并将这些工具随意放在工作台上。

3）每位考生发一份答题纸，考生根据所学知识及操作经验，按操作要求，选用合适工具，并将油漆刷上所贴标签编号填入答题纸上所印的工具名称旁的空栏内。

4）根据给定的条件，在规定的时间内完成选用。

（2）操作内容

1）钢窗抄油漆刷的选用。

2）木窗抄油漆刷的选用。

3）木窗复油漆刷的选用。

4）木门复油漆刷的选用。

5）墙面复油漆刷的选用。

(3) 操作要求

1) 工作台上分别放置 8 把新旧、规格不同的油漆刷，要求正确选出钢窗抄油漆刷。

2) 工作台上分别放置 8 把新旧、规格不同的油漆刷，要求正确选出木窗抄油漆刷。

3) 工作台上分别放置 8 把新旧、规格不同的油漆刷，要求正确选出木窗复油漆刷。

4) 工作台上分别放置 8 把新旧、规格不同的油漆刷，要求正确选出木门复油漆刷。

5) 工作台上分别放置 8 把新旧、规格不同的油漆刷，要求正确选出墙面复油漆刷。

2. 评分表

试题代码及名称		1.2.1　常用油漆刷的选用			考核时间					20 min
评价要素		配分	等级	评分细则	评定等级					得分
					A	B	C	D	E	
1	钢窗抄油漆刷的选用	2	A	选用正确						
			B	—						
			C	—						
			D	差						
			E	未答题						
2	木窗抄油漆刷的选用	2	A	选用正确						
			B	—						
			C	—						
			D	差						
			E	未答题						
3	木窗复油漆刷的选用	2	A	选用正确						
			B	—						
			C	—						
			D	差						
			E	未答题						
4	木门复油漆刷的选用	2	A	选用正确						
			B	—						
			C	—						
			D	差						
			E	未答题						

续表

试题代码及名称		1.2.1　常用油漆刷的选用			考核时间					20 min
评价要素		配分	等级	评分细则	评定等级					得分
					A	B	C	D	E	
5	墙面复油漆刷的选用	2	A	选用正确						
			B	—						
			C	—						
			D	差						
			E	未答题						
合计配分		10	合计得分							

等级	A（优）	B（良）	C（及格）	D（差）	E（未答题）
比值	1.0	0.8	0.6	0.2	0

“评价要素”得分＝配分×等级比值。

九、常用排笔的选用（试题代码：1.2.2；考核时间：20 min）

1. 试题单

（1）操作条件

1）设置一工作台。

2）将8管、12管、16管的新、旧各1支共6支排笔分别贴上1～6的编号标签，并将这些工具随意放在工作台上。

3）每位考生发一份答题纸，考生根据所学知识及操作经验，按操作要求，选用合适工具，并将排笔上所贴标签编号填入答题纸上所印的工具名称旁的空栏内。

4）根据给定的条件，在规定的时间内完成选用。

（2）操作内容

1）墙面抄粉排笔的选用。

2）墙面复粉排笔的选用。

3）泡立水（透明涂饰）排笔的选用。

4）腊克（透明涂饰）排笔的选用。

（3）操作要求

1）工作台上分别放置 6 支新旧、规格不同的排笔，要求正确选出墙面抄粉排笔。

2）工作台上分别放置 6 支新旧、规格不同的排笔，要求正确选出墙面复粉排笔。

3）工作台上分别放置 6 支新旧、规格不同的排笔，要求正确选出泡立水（透明涂饰）排笔。

4）工作台上分别放置 6 支新旧、规格不同的排笔，要求正确选出腊克（透明涂饰）排笔。

2. 评分表

<table>
<tr><td colspan="2">试题代码及名称</td><td colspan="3">1.2.2　常用排笔的选用</td><td colspan="5">考核时间</td><td>20 min</td></tr>
<tr><td colspan="2" rowspan="2">评价要素</td><td rowspan="2">配分</td><td rowspan="2">等级</td><td rowspan="2">评分细则</td><td colspan="5">评定等级</td><td rowspan="2">得分</td></tr>
<tr><td>A</td><td>B</td><td>C</td><td>D</td><td>E</td></tr>
<tr><td rowspan="5">1</td><td rowspan="5">墙面抄粉排笔的选用</td><td rowspan="5">2.5</td><td>A</td><td>选用正确</td><td rowspan="5"></td><td rowspan="5"></td><td rowspan="5"></td><td rowspan="5"></td><td rowspan="5"></td><td rowspan="5"></td></tr>
<tr><td>B</td><td>—</td></tr>
<tr><td>C</td><td>—</td></tr>
<tr><td>D</td><td>差</td></tr>
<tr><td>E</td><td>未答题</td></tr>
<tr><td rowspan="5">2</td><td rowspan="5">墙面复粉排笔的选用</td><td rowspan="5">2.5</td><td>A</td><td>选用正确</td><td rowspan="5"></td><td rowspan="5"></td><td rowspan="5"></td><td rowspan="5"></td><td rowspan="5"></td><td rowspan="5"></td></tr>
<tr><td>B</td><td>—</td></tr>
<tr><td>C</td><td>—</td></tr>
<tr><td>D</td><td>差</td></tr>
<tr><td>E</td><td>未答题</td></tr>
<tr><td rowspan="5">3</td><td rowspan="5">泡立水（透明涂饰）排笔的选用</td><td rowspan="5">2.5</td><td>A</td><td>选用正确</td><td rowspan="5"></td><td rowspan="5"></td><td rowspan="5"></td><td rowspan="5"></td><td rowspan="5"></td><td rowspan="5"></td></tr>
<tr><td>B</td><td>—</td></tr>
<tr><td>C</td><td>—</td></tr>
<tr><td>D</td><td>差</td></tr>
<tr><td>E</td><td>未答题</td></tr>
<tr><td rowspan="5">4</td><td rowspan="5">腊克（透明涂饰）排笔的选用</td><td rowspan="5">2.5</td><td>A</td><td>选用正确</td><td rowspan="5"></td><td rowspan="5"></td><td rowspan="5"></td><td rowspan="5"></td><td rowspan="5"></td><td rowspan="5"></td></tr>
<tr><td>B</td><td>—</td></tr>
<tr><td>C</td><td>—</td></tr>
<tr><td>D</td><td>差</td></tr>
<tr><td>E</td><td>未答题</td></tr>
<tr><td colspan="2">合计配分</td><td>10</td><td colspan="7">合计得分</td><td></td></tr>
</table>

等级	A（优）	B（良）	C（及格）	D（差）	E（未答题）
比值	1.0	0.8	0.6	0.2	0

“评价要素”得分=配分×等级比值。

十、常用铲刀的选用（试题代码：1.2.3；考核时间：20 min）

1. 试题单

（1）操作条件

1）设置一工作台。

2）将2.5英寸、3英寸、3.5英寸、4英寸的软、硬各1把共8把铲刀分别贴上1～8的编号标签，并将这些工具随意放在工作台上。

3）每位考生发一份答题纸，考生根据所学知识及操作经验，按操作要求，选用合适工具，并将铲刀上所贴标签编号填入答题纸上所印的工具名称旁的空栏内。

4）根据给定的条件，在规定的时间内完成选用。

（2）操作内容

1）木窗嵌洞缝铲刀的选用。

2）木窗满批铲刀的选用。

3）木门嵌洞缝铲刀的选用。

4）木门满批铲刀的选用。

5）墙面基层处理铲刀的选用。

（3）操作要求

1）工作台上分别放置8把软硬、规格不同的铲刀，要求正确选出木窗嵌洞缝铲刀。

2）工作台上分别放置8把软硬、规格不同的铲刀，要求正确选出木窗满批铲刀。

3）工作台上分别放置8把软硬、规格不同的铲刀，要求正确选出木门嵌洞缝铲刀。

4）工作台上分别放置8把软硬、规格不同的铲刀，要求正确选出木门满批铲刀。

5）工作台上分别放置8把软硬、规格不同的铲刀，要求正确选出墙面基层处理铲刀。

2. 评分表

试题代码及名称			1.2.3　常用铲刀的选用		考核时间					20 min
评价要素		配分	等级	评分细则	评定等级					得分
					A	B	C	D	E	
1	木窗嵌洞缝铲刀的选用	2	A	选用正确						
			B	—						
			C	—						
			D	差						
			E	未答题						
2	木窗满批铲刀的选用	2	A	选用正确						
			B	—						
			C	—						
			D	差						
			E	未答题						
3	木门嵌洞缝铲刀的选用	2	A	选用正确						
			B	—						
			C	—						
			D	差						
			E	未答题						
4	木门满批铲刀的选用	2	A	选用正确						
			B	—						
			C	—						
			D	差						
			E	未答题						
5	墙面基层处理铲刀的选用	2	A	选用正确						
			B	—						
			C	—						
			D	差						
			E	未答题						
合计配分		10	合计得分							

等级	A（优）	B（良）	C（及格）	D（差）	E（未答题）
比值	1.0	0.8	0.6	0.2	0

“评价要素”得分=配分×等级比值。

十一、常用牛角翘的选用（试题代码：1.2.4；考核时间：20 min）

1. 试题单

（1）操作条件

1）设置一工作台。

2）将大、中、小各1把共3把牛角翘分别贴上1～3的编号标签，并将这些工具随意放在工作台上。

3）每位考生发一份答题纸，考生根据所学知识及操作经验，按操作要求，选用合适工具，并将牛角翘上所贴标签编号填入答题纸上所印的工具名称旁的空栏内。

4）根据给定的条件，在规定的时间内完成选用。

（2）操作内容

1）嵌泡立水腻子牛角翘的选用。

2）木窗满批腻子牛角翘的选用。

3）大面积满批腻子牛角翘的选用。

（3）操作要求

1）工作台上分别放置3把不同的牛角翘，要求正确选出嵌泡立水腻子牛角翘。

2）工作台上分别放置3把不同的牛角翘，要求正确选出木窗满批腻子牛角翘。

3）工作台上分别放置3把不同的牛角翘，要求正确选出大面积满批腻子牛角翘。

2. 评分表

试题代码及名称		1.2.4 常用牛角翘的选用			考核时间					20 min
评价要素		配分	等级	评分细则	评定等级					得分
					A	B	C	D	E	
1	嵌泡立水腻子牛角翘的选用	3	A	选用正确						
			B	—						
			C	—						
			D	差						
			E	未答题						
2	木窗满批腻子牛角翘的选用	3	A	选用正确						
			B	—						

续表

试题代码及名称			1.2.4　常用牛角翘的选用		考核时间				20 min
评价要素		配分	等级	评分细则	评定等级				得分
					A	B	C	D	E	
2	木窗满批腻子牛角翘的选用		C	—						
			D	差						
			E	未答题						
3	大面积满批腻子牛角翘的选用	4	A	选用正确						
			B	—						
			C	—						
			D	差						
			E	未答题						
合计配分		10	合计得分							

等级	A（优）	B（良）	C（及格）	D（差）	E（未答题）
比值	1.0	0.8	0.6	0.2	0

“评价要素”得分＝配分×等级比值。

十二、除锈工具的选用（试题代码：1.2.5；考核时间：20 min）

1. 试题单

（1）操作条件

1）设置一工作台。

2）将钢丝刷、弯头刮刀、尖头榔头、铲刀、锉刀各 1 件共 5 件除锈工具分别贴上 1～5 的编号标签，并将这些工具随意放在工作台上。

3）每位考生发一份答题纸，考生根据所学知识及操作经验，按操作要求，选用合适工具，并将除锈工具上所贴标签编号填入答题纸上所印的工具名称旁的空栏内。

4）根据给定的条件，在规定的时间内完成选用。

（2）操作内容

1）选用清除金属表面锈蚀的除锈工具。

2）选用清除金属旧漆膜的除锈工具。

3）选用清除金属麻面旧漆膜的除锈工具。

（3）操作要求

1）将 5 种除锈工具放在工作台上，要求正确选出清除金属表面锈蚀的除锈工具。

2）将 5 种除锈工具放在工作台上，要求正确选出清除金属旧漆膜的除锈工具。

3）将 5 种除锈工具放在工作台上，要求正确选出清除金属麻面旧漆膜的除锈工具。

2. 评分表

试题代码及名称		1.2.5　除锈工具的选用			考核时间					20 min
评价要素		配分	等级	评分细则	评定等级					得分
					A	B	C	D	E	
1	选用清除金属表面锈蚀的除锈工具	3	A	选用正确						
			B	—						
			C	—						
			D	差						
			E	未答题						
2	选用清除金属旧漆膜的除锈工具	3	A	选用正确						
			B	—						
			C	—						
			D	差						
			E	未答题						
3	选用清除金属麻面旧漆膜的除锈工具	4	A	选用正确						
			B	—						
			C	—						
			D	差						
			E	未答题						
合计配分		10	合计得分							

等级	A（优）	B（良）	C（及格）	D（差）	E（未答题）
比值	1.0	0.8	0.6	0.2	0

“评价要素”得分＝配分×等级比值。

十三、常用玻璃刀的选用（试题代码：1.2.6；考核时间：20 min）

1. 试题单

（1）操作条件

1）设置一工作台。

2）将 1 号、3 号、4 号、6 号各 1 把共 4 把玻璃刀分别贴上 1～4 的编号标签，并将这些工具随意放在工作台上。

3）每位考生发一份答题纸，考生根据所学知识及操作经验，按操作要求，选用合适工具，并将玻璃刀上所贴标签编号填入答题纸上所印的工具名称旁的空栏内。

4）根据给定的条件，在规定的时间内完成选用。

（2）操作内容

1）选用裁割 3 mm 玻璃的玻璃刀。

2）选用裁割 5 mm 玻璃的玻璃刀。

3）选用裁割 8 mm 玻璃的玻璃刀。

（3）操作要求

1）将 4 种规格的玻璃刀放在工作台上，要求正确选出裁割 3 mm 玻璃的玻璃刀。

2）将 4 种规格的玻璃刀放在工作台上，要求正确选出裁割 5 mm 玻璃的玻璃刀。

3）将 4 种规格的玻璃刀放在工作台上，要求正确选出裁割 8 mm 玻璃的玻璃刀。

2. 评分表

试题代码及名称		1.2.6　常用玻璃刀的选用			考核时间					20 min
评价要素		配分	等级	评分细则	评定等级					得分
					A	B	C	D	E	
1	选用裁割 3 mm 玻璃的玻璃刀	3	A	选用正确						
			B	—						
			C	—						
			D	差						
			E	未答题						
2	选用裁割 5 mm 玻璃的玻璃刀	3	A	选用正确						
			B	—						
			C	—						
			D	差						
			E	未答题						

续表

试题代码及名称		1.2.6　常用玻璃刀的选用			考核时间					20 min
评价要素		配分	等级	评分细则	评定等级					得分
					A	B	C	D	E	
3	选用裁割 8 mm 玻璃的玻璃刀	4	A	选用正确						
			B	—						
			C	—						
			D	差						
			E	未答题						
合计配分		10	合计得分							

等级	A（优）	B（良）	C（及格）	D（差）	E（未答题）
比值	1.0	0.8	0.6	0.2	0

“评价要素”得分＝配分×等级比值。

涂料调配

、调配石膏油腻子（嵌料）（试题代码：2.1.1，考核时间：90 min）

1. 试题单

（1）操作条件

1）400 mm×400 mm 调配腻子夹板 1 块、3 英寸嵌刀 2 把、2 英寸油漆刷 1 把、塑料小桶 1 只。

2）老粉、石膏粉各 50 g，熟桐油 50 g，白胶 50 g，清水 500 g。

3）一人一考位，将以上材料放在各自考位上。

4）根据给定的条件，在规定的时间内独立完成。

（2）操作内容

1）材料选用。

2）调配顺序。

3）腻子调配。

4）落手清。

（3）操作要求

1）材料选用：要求体质颜料选用正确。

2）调配顺序：要求调配顺序正确。

3）腻子调配：要求调配石膏油腻子（嵌料）软硬适当，无过烂、豆屑状现象。

4）落手清：要求工具、材料及场地处理干净。

2. 评分表

试题代码及名称		2.1.1　调配石膏油腻子（嵌料）			考核时间					90 min
评价要素		配分	等级	评分细则	评定等级					得分
					A	B	C	D	E	
1	材料选用	7	A	选用正确						
			B	—						
			C	—						
			D	差						
			E	未答题						
2	调配顺序	7	A	调配顺序正确						
			B	—						
			C	调配顺序基本正确						
			D	差						
			E	未答题						
3	腻子调配	12	A	调配腻子软硬适当						
			B	调配腻子软硬基本适当						
			C	调配腻子过软						
			D	差						
			E	未答题						
4	落手清	4	A	工具、材料及场地处理干净						
			B	工具、材料及场地基本处理干净						
			C	工具、材料及场地有些未处理干净						
			D	差						
			E	未答题						
合计配分		30	合计得分							

等级	A（优）	B（良）	C（及格）	D（差）	E（未答题）
比值	1.0	0.8	0.6	0.2	0

“评价要素”得分＝配分×等级比值。

二、调配胶油腻子（嵌料）（试题代码：2.1.3；考核时间：90 min）

1. 试题单

（1）操作条件

1）400 mm×400 mm 调配腻子夹板 1 块、3 英寸嵌刀 2 把、2 英寸油漆刷 1 把、塑料小桶 1 只。

2）老粉、石膏粉各 50 g，熟桐油 50 g，白胶 50 g，清水 500 g。

3）一人一考位，将以上材料放在各自考位上。

4）根据给定的条件，在规定的时间内独立完成。

（2）操作内容

1）材料选用。

2）调配顺序。

3）腻子调配。

4）落手清。

（3）操作要求

1）材料选用：要求体质颜料选用正确。

2）调配顺序：要求调配顺序正确。

3）腻子调配：要求调配胶油腻子（嵌料）软硬适当，不可过硬或过烂。

4）落手清：要求工具、材料及场地处理干净。

2. 评分表

同上题。

三、调配胶油腻子（批料）（试题代码：2.1.4；考核时间：90 min）

1. 试题单

（1）操作条件

1）400 mm×400 mm 调配腻子夹板 1 块、3 英寸嵌刀 2 把、2 英寸油漆刷 1 把、塑料小桶 1 只。

2）老粉、石膏粉各 50 g，熟桐油 50 g，白胶 50 g，清水 500 g。

3）一人一考位，将以上材料放在各自考位上。

4）根据给定的条件，在规定的时间内独立完成。

（2）操作内容

1）材料选用。

2）调配顺序。

3）腻子调配。

4）落手清。

（3）操作要求

1）材料选用：要求体质颜料选用正确。

2）调配顺序：要求调配顺序正确。

3）腻子调配：要求调配胶油腻子（批料）软硬适当，不可过硬或过烂。

4）落手清：要求工具、材料及场地处理干净。

2. 评分表

同上题。

四、调配胶粉腻子（嵌料）（试题代码：2.1.5；考核时间：90 min）

1. 试题单

（1）操作条件

1）400 mm×400 mm 调配腻子夹板 1 块、3 英寸嵌刀 2 把、2 英寸油漆刷 1 把、塑料小桶 1 只。

2）老粉、石膏粉各 50 g，熟桐油 50 g，白胶 50 g，清水 500 g。

3）一人一考位，将以上材料放在各自考位上。

4）根据给定的条件，在规定的时间内独立完成。

（2）操作内容

1）材料选用。

2）调配顺序。

3）腻子调配。

4）落手清。

（3）操作要求

1）材料选用：要求体质颜料选用正确。

2）调配顺序：要求调配顺序正确。

3）腻子调配：要求调配胶粉腻子（嵌料）软硬适当，不可过硬或过烂。

4）落手清：要求工具、材料及场地处理干净。

2. 评分表

同上题。

五、调配胶粉腻子（批料）（试题代码：2.1.6；考核时间：90 min）

1. 试题单

（1）操作条件

1）400 mm×400 mm 调配腻子夹板 1 块、3 英寸嵌刀 2 把、2 英寸油漆刷 1 把、塑料小桶 1 只。

2）老粉、石膏粉各 50 g，熟桐油 50 g，白胶 50 g，清水 500 g。

3）一人一考位，将以上材料放在各自考位上。

4）根据给定的条件，在规定的时间内独立完成。

（2）操作内容

1）材料选用。

2）调配顺序。

3）腻子调配。

4）落手清。

（3）操作要求

1）材料选用：要求体质颜料选用正确。

2）调配顺序：要求调配顺序正确。

3）腻子调配：要求调配胶粉腻子（批料）软硬适当，不可过硬或过烂。

4）落手清：要求工具、材料及场地处理干净。

2. 评分表

同上题。

六、调配虫胶漆腻子（嵌料）（试题代码：2.1.7；考核时间：90 min）

1. 试题单

（1）操作条件

1）400 mm×400 mm 调配腻子夹板 1 块、3 英寸嵌刀 1 把、塑料小桶 1 只。

2）老粉、石膏粉各 50 g，泡立水 50 g，酒精 50 g，氧化铁黄适量。

3）一人一考位，将以上材料放在各自考位上。

4）根据给定的条件，在规定的时间内独立完成。

（2）操作内容

1）材料选用。

2）调配顺序。

3）腻子调配。

4）落手清。

（3）操作要求

1）材料选用：要求体质颜料选用正确。

2）调配顺序：要求调配顺序正确。

3）腻子调配：要求调配虫胶漆腻子（嵌料）软硬适当，不可过硬或过烂。

4）落手清：要求工具、材料及场地处理干净。

2. 评分表

同上题。

七、调配虫胶漆腻子（批料）（试题代码：2.1.8；考核时间：90 min）

1. 试题单

（1）操作条件

1）400 mm×400 mm 调配腻子夹板 1 块、3 英寸嵌刀 1 把、塑料小桶 1 只。

2）老粉、石膏粉各 50 g，泡立水 50 g，酒精 50 g，氧化铁黄适量。

3）一人一考位，将以上材料放在各自考位上。

4）根据给定的条件，在规定的时间内独立完成。

（2）操作内容

1）材料选用。

2）调配顺序。

3）腻子调配。

4）落手清。

（3）操作要求

1）材料选用：要求体质颜料选用正确。

2）调配顺序：要求调配顺序正确。

3）腻子调配：要求调配虫胶漆腻子（批料）软硬适当，不可过硬或过烂。

4）落手清：要求工具、材料及场地处理干净。

2. 评分表

同上题。

八、调配聚氨酯腻子（嵌料）（试题代码：2.1.9；考核时间：90 min）

1. 试题单

（1）操作条件

1）400 mm×400 mm 调配腻子夹板 1 块、3 英寸嵌刀 1 把、塑料小桶 1 只。

2）老粉、石膏粉各 50 g，聚氨酯漆 50 g，二甲苯 50 g，清水 500 g。

3）一人一考位，将以上材料放在各自考位上。

4）根据给定的条件，在规定的时间内独立完成。

（2）操作内容

1）材料选用。

2）调配顺序。

3）腻子调配。

4）落手清。

（3）操作要求

1）材料选用：要求体质颜料选用正确。

2）调配顺序：要求调配顺序正确。

3）腻子调配：要求调配聚氨酯腻子（嵌料）软硬适当，不可过硬或过烂。

4）落手清：要求工具、材料及场地处理干净。

2. 评分表

同上题。

九、调配聚氨酯腻子（批料）（试题代码：2.1.10；考核时间：90 min）

1. 试题单

（1）操作条件

1）400 mm×400 mm 调配腻子夹板 1 块、3 英寸嵌刀 1 把、塑料小桶 1 只。

2）老粉、石膏粉各 50 g，聚氨酯漆 50 g，二甲苯 50 g，清水 500 g。

3）一人一考位，将以上材料放在各自考位上。

4）根据给定的条件，在规定的时间内独立完成。

（2）操作内容

1）材料选用。

2）调配顺序。

3）腻子调配。

4）落手清。

（3）操作要求

1）材料选用：要求体质颜料选用正确。

2）调配顺序：要求调配顺序正确。

3）腻子调配：要求调配聚氨酯腻子（批料）软硬适当，不可过硬或过烂。

4）落手清：要求工具、材料及场地处理干净。

2. 评分表

同上题。

十、调配腊克腻子（嵌料）（试题代码：2.1.11；考核时间：90 min）

1. 试题单

（1）操作条件

1）400 mm×400 mm 调配腻子夹板 1 块、3 英寸嵌刀 1 把、塑料小桶 1 只。

2）老粉、石膏粉各 50 g，腊克 50 g，香蕉水 50 g，清水 500 g。

3）一人一考位，将以上材料放在各自考位上。

4）根据给定的条件，在规定的时间内独立完成。

（2）操作内容

1）材料选用。

2）调配顺序。

3）腻子调配。

4）落手清。

（3）操作要求

1）材料选用：要求体质颜料选用正确。

2）调配顺序：要求调配顺序正确。

3）腻子调配：要求调配腊克腻子（嵌料）软硬适当，不可过硬或过烂。

4）落手清：要求工具、材料及场地处理干净。

2. 评分表

同上题。

十一、调配腊克腻子（批料）（试题代码：2.1.12；考核时间：90 min）

1. 试题单

（1）操作条件

1）400 mm×400 mm 调配腻子夹板 1 块、3 英寸嵌刀 1 把、塑料小桶 1 只。

2）老粉、石膏粉各 50 g，腊克 50 g，香蕉水 50 g，清水 500 g。

3）一人一考位，将以上材料放在各自考位上。

4）根据给定的条件，在规定的时间内独立完成。

（2）操作内容

1）材料选用。

2）调配顺序。

3）腻子调配。

4）落手清。

（3）操作要求

1）材料选用：要求体质颜料选用正确。

2）调配顺序：要求调配顺序正确。

3）腻子调配：要求调配腊克腻子（批料）软硬适当，不可过硬或过烂。

4）落手清：要求工具、材料及场地处理干净。

2. 评分表

同上题。

十二、调配大白浆（试题代码：2.2.1；考核时间：90 min）

1. 试题单

（1）操作条件

1）搅拌棒 1 根、塑料小桶 2 只、回丝适量、大白浆色样 1 小瓶。

2）水老粉、化学糨糊各 100 g，801 胶 50 g，白胶 50 g，红、黑色浆各 10 g，墨汁 50 g，氧化铁黄、氧化铁红、氧化铁黑各 50 g。

3）一人一考位，将以上材料放在各自考位上。

4）根据给定的条件，在规定的时间内独立完成。

（2）操作内容

1）颜料的选择。

2）调配大白浆的比例。

3）调配大白浆的颜色。

4）落手清。

（3）操作要求

1）颜料的选择：要求根据色样，正确选用颜料。

2）调配大白浆的比例：要求正确掌握调配比例。

3）调配大白浆的颜色：要求对比色样，颜色一致。

4）落手清：要求工具、材料及场地处理干净。

2. 评分表

试题代码及名称		2.2.1　调配大白浆			考核时间					90 min
评价要素		配分	等级	评分细则	评定等级					得分
					A	B	C	D	E	
1	颜料的选择	7	A	根据色样，选用颜料正确						
			B	—						
			C	根据色样，选用颜料基本正确						
			D	差						
			E	未答题						
2	调配大白浆的比例	7	A	调配比例正确						
			B	—						
			C	调配比例基本正确						
			D	差						
			E	未答题						
3	调配大白浆的颜色	12	A	对比色样，颜色一致						
			B	对比色样，颜色基本一致						
			C	对比色样，颜色过淡						
			D	差						
			E	未答题						
4	落手清	4	A	工具、材料及场地处理干净						
			B	工具、材料及场地基本处理干净						
			C	工具、材料及场地有些未处理干净						
			D	差						
			E	未答题						
合计配分		30	合计得分							

等级	A（优）	B（良）	C（及格）	D（差）	E（未答题）
比值	1.0	0.8	0.6	0.2	0

“评价要素”得分＝配分×等级比值。

十三、调配石灰浆（试题代码：2.2.2；考核时间：90 min）

1. 试题单

（1）操作条件

1）搅拌棒 1 根、塑料小桶 2 只、回丝适量、石灰浆色样 1 小瓶。

2）石灰膏 100 g，801 胶 50 g，墨汁 50 g，氧化铁黄、氧化铁红、氧化铁黑、明矾各 50 g。

3）一人一考位，将以上材料放在各自考位上。

4）根据给定的条件，在规定的时间内独立完成。

（2）操作内容

1）颜料的选择。

2）调配石灰浆的比例。

3）调配石灰浆的颜色。

4）落手清。

（3）操作要求

1）颜料的选择：要求根据色样，正确选用颜料。

2）调配石灰浆的比例：要求正确掌握调配比例。

3）调配石灰浆的颜色：要求对比色样，颜色一致。

4）落手清：要求工具、材料及场地处理干净。

2. 评分表

同上题。

十四、调配虫胶漆（试题代码：2.2.3；考核时间：90 min）

1. 试题单

（1）操作条件

1）设置一工作台。

2）金属容器、陶瓷容器各 1 只，随意放在工作台上。

3）虫胶片 50 g、酒精 500 g，随意放在工作台上。

4）每位考生发一份答题纸，考生根据所学知识及操作经验，按操作要求答题。

5）根据给定的条件，在规定的时间内完成答题。

（2）操作内容

1）一般虫胶漆的配合比例。

2）用于拼色的虫胶漆的配合比例。

3）调配虫胶漆的正确顺序。

4）虫胶漆容器的选用。

（3）操作要求

1）一般虫胶漆的配合比例：要求调配比例正确。

2）用于拼色的虫胶漆的配合比例：要求调配比例正确。

3）调配虫胶漆的正确顺序：要求调配顺序正确。

4）虫胶漆容器的选用：要求容器选用正确。

2. 评分表

试题代码及名称		2.2.3　调配虫胶漆			考核时间					90 min
评价要素		配分	等级	评分细则	评定等级					得分
					A	B	C	D	E	
1	一般虫胶漆的配合比例	7	A	比例正确						
			B	—						
			C	—						
			D	差						
			E	未答题						
2	用于拼色的虫胶漆的配合比例	7	A	比例正确						
			B	—						
			C	—						
			D	差						
			E	未答题						
3	调配虫胶漆的正确顺序	12	A	调配顺序正确						
			B	—						
			C	调配顺序基本正确						
			D	差						
			E	未答题						
4	虫胶漆容器的选用	4	A	选用正确						
			B	—						
			C	—						

续表

试题代码及名称		2.2.3　调配虫胶漆			考核时间					90 min
评价要素		配分	等级	评分细则	评定等级					得分
					A	B	C	D	E	
4	虫胶漆容器的选用		D	差						
			E	未答题						
合计配分		30	合计得分							

等级	A（优）	B（良）	C（及格）	D（差）	E（未答题）
比值	1.0	0.8	0.6	0.2	0

“评价要素”得分＝配分×等级比值。

涂裱装饰

一、木门大面积做调和漆（试题代码：3.1.1；考核时间：150 min）

1. 试题单

（1）操作条件

1）提供约 1 m^2 已抄过油的大面积木制品表面。

2）按工号一人一考位，每个考位放置 100 g 调和漆。

3）根据给定的条件，在规定的时间内完成木门大面积调和漆涂饰。

（2）操作内容

1）蘸油。

2）开油。

3）横油。

4）理油。

5）落手清。

（3）操作要求

1）蘸油：要求蘸油方法正确。

2）开油：要求开油间距适当。

3）横油：要求横油方向正确。

4）理油：要求理油方法正确。

5）落手清：要求工具、材料及场地处理干净。

2. 评分表

试题代码及名称		3.1.1　木门大面积做调和漆			考核时间					150 min
评价要素		配分	等级	评分细则	评定等级					得分
					A	B	C	D	E	
1	蘸油	8	A	蘸油方法正确						
			B	—						
			C	—						
			D	差						
			E	未答题						
2	开油	8	A	开油间距适当						
			B	—						
			C	—						
			D	差						
			E	未答题						
3	横油	8	A	横油方向正确						
			B	—						
			C	—						
			D	差						
			E	未答题						
4	理油	12	A	理油方法正确						
			B	—						
			C	—						
			D	差						
			E	未答题						
5	落手清	4	A	工具、材料及场地处理干净						
			B	工具、材料及场地基本处理干净						

续表

试题代码及名称				3.1.1　木门大面积做调和漆	考核时间					150 min
评价要素		配分	等级	评分细则	评定等级					得分
					A	B	C	D	E	
5	落手清		C	工具、材料及场地有些未处理干净						
			D	差						
			E	未答题						
合计配分		40	合计得分							

等级	A（优）	B（良）	C（及格）	D（差）	E（未答题）
比值	1.0	0.8	0.6	0.2	0

“评价要素”得分＝配分×等级比值。

二、木窗施涂清油（试题代码：3.1.2；考核时间：150 min）

1. 试题单

(1) 操作条件

1) 提供约 0.5 m^2 的木窗。

2) 按工号一人一考位，每个考位放置 50 g 油基清漆、70 g 松香水。

3) 根据给定的条件，在规定的时间内完成木窗施涂清油。

(2) 操作内容

1) 按比例调配清油。

2) 木窗抄清油。

3) 落手清。

(3) 操作要求

1) 按比例调配清油：要求按正确比例调配清油。

2) 木窗抄清油：要求木窗抄清油不漏、不挂。

3) 落手清：要求工具、材料及场地处理干净。

2. 评分表

试题代码及名称		3.1.2　木窗施涂清油			考核时间					150 min
评价要素		配分	等级	评分细则	评定等级					得分
					A	B	C	D	E	
1	按比例调配清油	8	A	比例正确						
			B	—						
			C	—						
			D	差						
			E	未答题						
2	木窗抄清油	27	A	不漏、不挂						
			B	—						
			C	有少量漏、挂						
			D	差						
			E	未答题						
3	落手清	5	A	工具、材料及场地处理干净						
			B	工具、材料及场地基本处理干净						
			C	工具、材料及场地有些未处理干净						
			D	差						
			E	未答题						
合计配分		40	合计得分							

等级	A（优）	B（良）	C（及格）	D（差）	E（未答题）
比值	1.0	0.8	0.6	0.2	0

“评价要素”得分＝配分×等级比值。

三、木窗嵌批（试题代码：3.1.3；考核时间：150 min）

1. 试题单

（1）操作条件

1）提供约 0.5 m^2 抄过清油的木窗。

2）按工号一人一考位，每个考位放置一块调拌板，规格为 400 mm×400 mm，每人一块 150 mm×300 mm 的三夹板；另放置石膏粉 100 g、熟桐油 50 g、清水 500 g、颜料适量。

3）根据给定的条件，在规定的时间内完成木窗嵌批。

（2）操作内容

1）调配石膏油腻子。

2）嵌洞缝。

3）满批。

4）落手清。

（3）操作要求

1）调配石膏油腻子：要求调配石膏油腻子软硬适当。

2）嵌洞缝：要求嵌洞缝密实、平整，不漏嵌。

3）满批：要求满批平整光滑，无野腻子，无漏批。

4）落手清：要求工具、材料及场地处理干净。

2. 评分表

试题代码及名称		3.1.3　木窗嵌批			考核时间					150 min
评价要素		配分	等级	评分细则	评定等级					得分
					A	B	C	D	E	
1	调配石膏油腻子	12	A	调配腻子软硬适当						
			B	调配腻子软硬基本适当						
			C	调配腻子过软						
			D	差						
			E	未答题						
2	嵌洞缝	12	A	嵌洞缝密实、平整，不漏嵌						
			B	嵌洞缝基本密实、平整，不漏嵌						
			C	嵌洞缝基本密实、平整，有少量漏嵌						
			D	差						
			E	未答题						
3	满批	12	A	满批平整光滑，无野腻子，无漏批						
			B	满批基本平整光滑，无野腻子，无漏批						
			C	满批基本平整光滑，有少量野腻子，无漏批						
			D	差						
			E	未答题						

续表

试题代码及名称				3.1.3 木窗嵌批	考核时间					150 min
评价要素		配分	等级	评分细则	评定等级					得分
					A	B	C	D	E	
4	落手清	4	A	工具、材料及场地处理干净						
			B	工具、材料及场地基本处理干净						
			C	工具、材料及场地有些未处理干净						
			D	差						
			E	未答题						
合计配分		40		合计得分						

等级	A（优）	B（良）	C（及格）	D（差）	E（未答题）
比值	1.0	0.8	0.6	0.2	0

“评价要素”得分＝配分×等级比值。

四、木窗做分色铅油（试题代码：3.1.4；考核时间：150 min）

1. 试题单

（1）操作条件

1）提供约 0.25 m^2 嵌批的木窗。

2）按工号一人一考位，每个考位放置两种颜色的铅油，每种颜色的铅油约 100 g。

3）根据给定的条件，在规定的时间内完成木窗做分色铅油。

（2）操作内容

1）打磨，落手清。

2）木窗做深色铅油。

3）木窗做浅色铅油。

4）落手清。

（3）操作要求

1）打磨，落手清：要求打磨平整光滑，并做好落手清。

2）木窗做深色铅油：要求做铅油不漏、不挂、不过棱、不越过分界线。

3）木窗做浅色铅油：要求做铅油不漏、不挂、不过棱、不越过分界线。

4）落手清：要求工具、材料及场地处理干净。

2. 评分表

试题代码及名称		3.1.4　木窗做分色铅油			考核时间					150 min
评价要素		配分	等级	评分细则	评定等级					得分
					A	B	C	D	E	
1	打磨，落手清	12	A	打磨平整光滑，落手清好						
			B	—						
			C	打磨基本平整光滑，落手清好						
			D	差						
			E	未答题						
2	木窗做深色铅油	12	A	做铅油不漏、不挂、不过棱、不越过分界线						
			B	做铅油基本不漏、不挂、不过棱、不越过分界线						
			C	做铅油有少量漏、挂、过棱和越过分界线的现象						
			D	差						
			E	未答题						
3	木窗做浅色铅油	12	A	做铅油不漏、不挂、不过棱、不越过分界线						
			B	做铅油基本不漏、不挂、不过棱、不越过分界线						
			C	做铅油有少量漏、挂、过棱和越过分界线的现象						
			D	差						
			E	未答题						
4	落手清	4	A	工具、材料及场地处理干净						
			B	工具、材料及场地基本处理干净						
			C	工具、材料及场地有些未处理干净						
			D	差						
			E	未答题						
合计配分		40	合计得分							

等级	A（优）	B（良）	C（及格）	D（差）	E（未答题）
比值	1.0	0.8	0.6	0.2	0

“评价要素”得分＝配分×等级比值。

五、木窗做分色调和漆（试题代码：3.1.5；考核时间：150 min）

1．试题单

（1）操作条件

1）提供约 0.25 m^2 已做铅油的木窗。

2）按工号一人一考位，每个考位放置两种颜色的调和漆，每种颜色的调和漆约 50 g。

3）根据给定的条件，在规定的时间内完成木窗做分色调和漆。

（2）操作内容

1）打磨，落手清。

2）木窗做深色调和漆。

3）木窗做浅色调和漆。

4）落手清。

（3）操作要求

1）打磨，落手清：要求全部磨到且不漏，平整光滑，落手清干净。

2）木窗做深色调和漆：要求做调和漆不漏、不挂、不过棱、不皱皮、不越过分界线。

3）木窗做浅色调和漆：要求做调和漆不漏、不挂、不过棱、不皱皮、不越过分界线。

4）落手清：要求工具、材料及场地处理干净。

2．评分表

试题代码及名称		3.1.5　木窗做分色调和漆			考核时间					150 min
评价要素		配分	等级	评分细则	评定等级					得分
					A	B	C	D	E	
1	打磨，落手清	12	A	全部磨到且不漏，平整光滑，落手清干净						
			B	基本磨到且不漏，平整光滑，落手清干净						
			C	基本磨到，有少量漏磨，落手清基本干净						

续表

试题代码及名称		3.1.5　木窗做分色调和漆			考核时间					150 min
评价要素		配分	等级	评分细则	评定等级					得分
					A	B	C	D	E	
1	打磨，落手清		D	差						
			E	未答题						
2	木窗做深色调和漆	12	A	做调和漆不漏、不挂、不过棱、不皱皮、不越过分界线						
			B	做调和漆基本不漏、不挂、不过棱、不皱皮、不越过分界线						
			C	做调和漆有少量漏、挂、过棱、皱皮和越过分界线的现象						
			D	差						
			E	未答题						
3	木窗做浅色调和漆	12	A	做调和漆不漏、不挂、不过棱、不皱皮、不越过分界线						
			B	做调和漆基本不漏、不挂、不过棱、不皱皮、不越过分界线						
			C	做调和漆有少量漏、挂、过棱、皱皮和越过分界线的现象						
			D	差						
			E	未答题						
4	落手清	4	A	工具、材料及场地处理干净						
			B	工具、材料及场地基本处理干净						
			C	工具、材料及场地有些未处理干净						
			D	差						
			E	未答题						
合计配分		40	合计得分							

等级	A（优）	B（良）	C（及格）	D（差）	E（未答题）
比值	1.0	0.8	0.6	0.2	0

“评价要素”得分＝配分×等级比值。

六、镶画镜线（试题代码：3.1.6；考核时间：150 min）

1. 试题单

（1）操作条件

1）选择一墙面，画一根宽 45 mm、长 2 000 mm 以上的画镜线。

2）按工号一人一考位，每个考位放置 50 g 带色调和漆。

3）根据给定的条件，在规定的时间内完成镶画镜线。

（2）操作内容

1）衡量距离尺寸。

2）弹线。

3）镶油。

4）落手清。

（3）操作要求

1）衡量距离尺寸：要求正确衡量标准间距。

2）弹线：要求弹线准确，保持规定宽度 45 mm，做到无误差。

3）镶油：要求镶油顺序正确，无流挂，线条整洁齐平。

4）落手清：要求工具、材料及场地处理干净。

2. 评分表

试题代码及名称		3.1.6　镶画镜线			考核时间					150 min
评价要素		配分	等级	评分细则	评定等级					得分
					A	B	C	D	E	
1	衡量距离尺寸	8	A	衡量标准间距正确						
			B	—						
			C	衡量标准间距基本正确						
			D	差						
			E	未答题						
2	弹线	8	A	弹线准确，保持规定宽度 45 mm，做到无误差						
			B	—						

续表

试题代码及名称		3.1.6　镶画镜线			考核时间					150 min
评价要素		配分	等级	评分细则	评定等级					得分
					A	B	C	D	E	
2	弹线		C	—						
			D	差						
			E	未答题						
3	镶油	20	A	镶油顺序正确，无流挂，线条整洁齐平						
			B	镶油顺序基本正确，无流挂，线条整洁齐平						
			C	镶油顺序基本正确，有少量流挂，线条不够整洁齐平						
			D	差						
			E	未答题						
4	落手清	4	A	工具、材料及场地处理干净						
			B	工具、材料及场地基本处理干净						
			C	工具、材料及场地有些未处理干净						
			D	差						
			E	未答题						
合计配分		40	合计得分							

等级	A（优）	B（良）	C（及格）	D（差）	E（未答题）
比值	1.0	0.8	0.6	0.2	0

“评价要素”得分＝配分×等级比值。

七、橱门做分色调和漆（试题代码：3.1.7；考核时间：150 min）

1. 试题单

（1）操作条件

1）提供一块 800 mm×400 mm 抄过油的饰面。

2）按工号一人一考位，每个考位放置两种颜色的调和漆，每种颜色的调和漆约 50 g。

3）根据给定的条件，在规定的时间内完成橱门做分色调和漆。

（2）操作内容

1）将饰面划分成四等份。

2）做分色调和漆。

3）落手清。

（3）操作要求

1）将饰面划分成四等份。

2）做分色调和漆：要求对角刷同色调和漆，不挂、不漏、不越过分界线。

3）落手清：要求工具、材料及场地处理干净。

2. 评分表

试题代码及名称		3.1.7 橱门做分色调和漆			考核时间					150 min
评价要素		配分	等级	评分细则	评定等级					得分
					A	B	C	D	E	
1	将饰面划分成四等份	6	A	画线正确						
			B	—						
			C	—						
			D	差						
			E	未答题						
2	做分色调和漆	30	A	做分色调和漆不挂、不漏、不越过分界线						
			B	做分色调和漆基本不挂、不漏、不越过分界线						
			C	做分色调和漆有少量流挂和越过分界线的现象						
			D	差						
			E	未答题						
3	落手清	4	A	工具、材料及场地处理干净						
			B	工具、材料及场地基本处理干净						
			C	工具、材料及场地有些未处理干净						
			D	差						
			E	未答题						
合计配分		40	合计得分							

等级	A（优）	B（良）	C（及格）	D（差）	E（未答题）
比值	1.0	0.8	0.6	0.2	0

“评价要素”得分=配分×等级比值。

八、墙面刷石灰浆（试题代码：3.2.1；考核时间：150 min）

1. 试题单

（1）操作条件

1）按工号每人分配 2 m^2 以上的墙面，墙高不低于 2 m。

2）每个考位放置 0.5 kg 石灰浆、排笔 2 支。

3）根据给定的墙面面积和石灰浆，在规定的时间内完成墙面刷石灰浆。

（2）操作内容

1）排笔的选用。

2）刷石灰浆。

3）落手清。

（3）操作要求

1）排笔的选用：要求正确选用排笔。

2）刷石灰浆：要求刷石灰浆顺序正确，不漏、不挂。

3）落手清：要求工具、材料及场地处理干净。

2. 评分表

试题代码及名称		3.2.1　墙面刷石灰浆			考核时间					150 min
评价要素		配分	等级	评分细则	评定等级					得分
					A	B	C	D	E	
1	排笔的选用	6	A	选用排笔正确						
			B	—						
			C	—						
			D	差						
			E	未答题						
2	刷石灰浆	30	A	刷石灰浆顺序正确，不漏、不挂						
			B	刷石灰浆顺序基本正确，不漏、不挂						

续表

试题代码及名称		3.2.1　墙面刷石灰浆			考核时间					150 min
评价要素		配分	等级	评分细则	评定等级					得分
					A	B	C	D	E	
2	刷石灰浆		C	刷石灰浆顺序基本正确，有少量漏、挂现象						
			D	差						
			E	未答题						
3	落手清	4	A	工具、材料及场地处理干净						
			B	工具、材料及场地基本处理干净						
			C	工具、材料及场地有些未处理干净						
			D	差						
			E	未答题						
合计配分		40	合计得分							

等级	A（优）	B（良）	C（及格）	D（差）	E（未答题）
比值	1.0	0.8	0.6	0.2	0

“评价要素”得分＝配分×等级比值。

九、平顶刷 803 涂料（试题代码：3.2.2；考核时间：150 min）

1. 试题单

（1）操作条件

1）按工号每人分配面积不少于 1 m^2 的平顶，平顶距离地面不少于 2 m。

2）每个考位放置 0.5 kg 803 涂料、排笔 2 支。

3）根据给定的平顶面积和 803 涂料，在规定的时间内完成平顶刷 803 涂料。

（2）操作内容

1）排笔的选用。

2）刷 803 涂料。

3）落手清。

（3）操作要求

1）排笔的选用：要求正确选用排笔。

2）刷 803 涂料：要求刷 803 涂料顺序正确，姿势正确，不漏、不挂。

3）落手清：要求工具、材料及场地处理干净。

2. 评分表

试题代码及名称		3.2.2　平顶刷 803 涂料			考核时间					150 min
评价要素		配分	等级	评分细则	评定等级					得分
					A	B	C	D	E	
1	排笔的选用	6	A	选用排笔正确						
			B	—						
			C	—						
			D	差						
			E	未答题						
2	刷 803 涂料	30	A	刷 803 涂料顺序正确，姿势正确，不漏、不挂						
			B	刷 803 涂料顺序基本正确，姿势基本正确，不漏、不挂						
			C	刷 803 涂料顺序基本正确，姿势基本正确，有少量漏、挂现象						
			D	差						
			E	未答题						
3	落手清	4	A	工具、材料及场地处理干净						
			B	工具、材料及场地基本处理干净						
			C	工具、材料及场地有些未处理干净						
			D	差						
			E	未答题						
合计配分		40	合计得分							

等级	A（优）	B（良）	C（及格）	D（差）	E（未答题）
比值	1.0	0.8	0.6	0.2	0

“评价要素”得分＝配分×等级比值。

十、墙面刷乳胶漆（试题代码：3.2.3；考核时间：150 min）

1. 试题单

（1）操作条件

1）按工号每人分配面积不少于 2 m^2 的墙面，墙高不低于 2 m。

2）每个考位放置 0.3 kg 乳胶漆、排笔 2 支。

3）根据给定的墙面面积和乳胶漆，在规定的时间内完成墙面刷乳胶漆。

（2）操作内容

1）排笔的选用。

2）刷乳胶漆。

3）落手清。

（3）操作要求

1）排笔的选用：要求正确选用排笔。

2）刷乳胶漆：要求刷乳胶漆顺序正确，姿势正确，不漏、不挂。

3）落手清：要求工具、材料及场地处理干净。

2. 评分表

试题代码及名称		3.2.3 墙面刷乳胶漆			考核时间					150 min
评价要素		配分	等级	评分细则	评定等级					得分
					A	B	C	D	E	
1	排笔的选用	6	A	选用排笔正确						
			B	—						
			C	—						
			D	差						
			E	未答题						
2	刷乳胶漆	30	A	刷乳胶漆顺序正确，姿势正确，不漏、不挂						
			B	刷乳胶漆顺序基本正确，姿势基本正确，不漏、不挂						
			C	刷乳胶漆顺序基本正确，姿势基本正确，有少量漏、挂现象						

续表

试题代码及名称		3.2.3　墙面刷乳胶漆			考核时间					150 min
评价要素		配分	等级	评分细则	评定等级					得分
					A	B	C	D	E	
2	刷乳胶漆		D	差						
			E	未答题						
3	落手清	4	A	工具、材料及场地处理干净						
			B	工具、材料及场地基本处理干净						
			C	工具、材料及场地有些未处理干净						
			D	差						
			E	未答题						
合计配分		40	合计得分							

等级	A（优）	B（良）	C（及格）	D（差）	E（未答题）
比值	1.0	0.8	0.6	0.2	0

“评价要素”得分＝配分×等级比值。

十一、裱糊壁纸（试题代码：3.3.1；考核时间：150 min）

1. 试题单

（1）操作条件

1）在已抄过油的墙面上裱糊壁纸，墙高不低于 2 m。

2）每人粘贴不少于 2 幅壁纸。

3）根据给定的墙面和材料，在规定的时间内完成裱糊壁纸。

（2）操作内容

1）衡量距离。

2）调配胶水。

3）刷胶水。

4）粘贴。

5）划裁。

6）落手清。

（3）操作要求

1）衡量距离：要求正确量准壁纸宽度和垂直线。

2）调配胶水：要求按正确比例配制胶水。

3）刷胶水：要求刷胶水顺序正确，不漏、不挂。

4）粘贴：要求粘贴顺序正确，无倒花、叠缝、离缝、皱褶、毛边、气泡。

5）划裁：要求划裁准足，无抽丝。

6）落手清：要求工具、材料及场地处理干净。

2. 评分表

试题代码及名称		3.3.1　裱糊壁纸			考核时间					150 min
评价要素		配分	等级	评分细则	评定等级					得分
					A	B	C	D	E	
1	衡量距离	6	A	衡量距离正确						
			B	—						
			C	—						
			D	差						
			E	未答题						
2	调配胶水	6	A	调配胶水比例正确						
			B	—						
			C	调配胶水比例基本正确						
			D	差						
			E	未答题						
3	刷胶水	6	A	刷胶水顺序正确，不漏、不挂						
			B	刷胶水顺序基本正确，不漏、不挂						
			C	刷胶水顺序基本正确，有少量漏、挂现象						
			D	差						
			E	未答题						
4	粘贴	12	A	粘贴顺序正确，无倒花、叠缝、离缝、皱褶、毛边、气泡						

续表

试题代码及名称		3.3.1 裱糊壁纸			考核时间					150 min
评价要素		配分	等级	评分细则	评定等级					得分
					A	B	C	D	E	
4	粘贴		B	粘贴顺序基本正确，无倒花、叠缝、离缝、皱褶、毛边、气泡						
			C	粘贴顺序基本正确，有少量倒花、叠缝、离缝、皱褶、毛边、气泡现象						
			D	差						
			E	未答题						
5	划裁	6	A	划裁准足，无抽丝						
			B	—						
			C	划裁基本准足，有轻微抽丝						
			D	差						
			E	未答题						
6	落手清	4	A	工具、材料及场地处理干净						
			B	工具、材料及场地基本处理干净						
			C	工具、材料及场地有些未处理干净						
			D	差						
			E	未答题						
合计配分		40		合计得分						

等级	A（优）	B（良）	C（及格）	D（差）	E（未答题）
比值	1.0	0.8	0.6	0.2	0

“评价要素”得分=配分×等级比值。

十二、按木窗尺寸裁割玻璃（试题代码：3.4.1；考核时间：150 min）

1. 试题单

(1) 操作条件

1) 每人一扇木窗，每个考位放置一块大于木窗洞孔的玻璃和一块规格为3 mm×20 mm×1 000 mm的玻璃。

2）根据给定的条件，在规定的时间内完成裁割木窗玻璃及 3 mm×10 mm×1 000 mm 玻璃条。

（2）操作内容

1）量木窗洞孔尺寸。

2）裁割木窗玻璃。

3）裁割 3 mm×10 mm×1 000 mm 玻璃条。

4）落手清。

（3）操作要求

1）量木窗洞孔尺寸：要求量木窗洞孔尺寸准确。

2）裁割木窗玻璃：要求裁割木窗玻璃尺寸正确，且不碎。

3）裁割 3 mm×10 mm×1 000 mm 玻璃条：要求裁割 3 mm×10 mm×1 000 mm 玻璃条时不可划碎。

4）落手清：要求工具、材料及场地处理干净。

2. 评分表

试题代码及名称		3.4.1 按木窗尺寸裁割玻璃			考核时间					150 min
评价要素		配分	等级	评分细则	评定等级					得分
					A	B	C	D	E	
1	量木窗洞孔尺寸	6	A	量木窗洞孔尺寸准确						
			B	—						
			C	—						
			D	差						
			E	未答题						
2	裁割木窗玻璃	18	A	裁割木窗玻璃尺寸正确，且不碎						
			B	—						
			C	—						
			D	差						
			E	未答题						
3	裁割 3 mm×10 mm×1 000 mm 玻璃条	12	A	将 3 mm×20 mm×1 000 mm 玻璃一裁为二，尺寸正确，且不碎						

续表

试题代码及名称		3.4.1　按木窗尺寸裁割玻璃			考核时间					150 min
评价要素		配分	等级	评分细则	评定等级					得分
					A	B	C	D	E	
3	裁割 3 mm×10 mm×1 000 mm 玻璃条		B	—						
			C	将 3 mm×20 mm×1 000 mm 玻璃一裁为二，尺寸不正确，但不碎						
			D	差						
			E	未答题						
4	落手清	4	A	工具、材料及场地处理干净						
			B	工具、材料及场地基本处理干净						
			C	工具、材料及场地有些未处理干净						
			D	差						
			E	未答题						
合计配分		40		合计得分						

等级	A（优）	B（良）	C（及格）	D（差）	E（未答题）
比值	1.0	0.8	0.6	0.2	0

“评价要素”得分＝配分×等级比值。

十三、安装木窗玻璃（试题代码：3.4.2；考核时间：150 min）

1. 试题单

（1）操作条件

1）每个考位放置一扇木窗以及一块与木窗尺寸相符的玻璃，元钉 4～5 枚，油灰 100 g。

2）根据给定的条件，在规定的时间内完成木窗玻璃安装。

（2）操作内容

1）固定玻璃（钉元钉）。

2）嵌油灰。

3）拆除。

4）落手清。

（3）操作要求

1）固定玻璃（钉元钉）：要求按照正确顺序钉元钉，不松动，玻璃不碎。

2）嵌油灰：要求嵌油灰光洁、平顺、整齐。

3）拆除：要求将安装好的玻璃、油灰、元钉拆下，放在考位上，玻璃完好，油灰无杂质，元钉不缺。

4）落手清：要求工具、材料及场地处理干净。

2. 评分表

试题代码及名称		3.4.2 安装木窗玻璃			考核时间					150 min
评价要素		配分	等级	评分细则	评定等级					得分
					A	B	C	D	E	
1	固定玻璃（钉元钉）	8	A	钉元钉顺序正确，不松动，玻璃不碎						
			B	—						
			C	钉元钉顺序基本正确，不松动，玻璃不碎						
			D	差						
			E	未答题						
2	嵌油灰	22	A	嵌油灰光洁、平顺、整齐						
			B	—						
			C	嵌油灰基本光洁、平顺、整齐						
			D	差						
			E	未答题						
3	拆除	6	A	玻璃完好，油灰无杂质，元钉不缺						
			B	—						
			C	—						
			D	差						
			E	未答题						
4	落手清	4	A	工具、材料及场地处理干净						
			B	工具、材料及场地基本处理干净						
			C	工具、材料及场地有些未处理干净						
			D	差						
			E	未答题						
合计配分		40	合计得分							

等级	A（优）	B（良）	C（及格）	D（差）	E（未答题）
比值	1.0	0.8	0.6	0.2	0

“评价要素”得分＝配分×等级比值。

十四、按钢窗尺寸裁割玻璃（试题代码：3.4.3；考核时间：150 min）

1. 试题单

(1) 操作条件

1）每人一扇钢窗，每个考位放置一块大于钢窗洞孔的玻璃和一块规格为5 mm×40 mm×1 000 mm的玻璃。

2）根据给定的条件，在规定的时间内完成裁割钢窗玻璃及5 mm×20 mm×1 000 mm玻璃条。

(2) 操作内容

1）量钢窗洞孔尺寸。

2）裁割钢窗玻璃。

3）裁割5 mm×20 mm×1 000 mm玻璃条。

4）落手清。

(3) 操作要求

1）量钢窗洞孔尺寸：要求量钢窗洞孔尺寸准确。

2）裁割钢窗玻璃：要求裁割钢窗玻璃尺寸正确，且不碎。

3）裁割5 mm×20 mm×1 000 mm玻璃条：要求裁割5 mm×20 mm×1 000 mm玻璃条时不可划碎。

4）落手清：要求工具、材料及场地处理干净。

2. 评分表

试题代码及名称		3.4.3　按钢窗尺寸裁割玻璃			考核时间					150 min
评价要素		配分	等级	评分细则	评定等级					得分
					A	B	C	D	E	
1	量钢窗洞孔尺寸	6	A	量钢窗洞孔尺寸准确						
			B	—						
			C	—						

续表

试题代码及名称			3.4.3 按钢窗尺寸裁割玻璃		考核时间					150 min
评价要素		配分	等级	评分细则	评定等级					得分
					A	B	C	D	E	
1	量钢窗洞孔尺寸		D	差						
			E	未答题						
2	裁割钢窗玻璃	20	A	裁割钢窗玻璃尺寸正确，且不碎						
			B							
			C	—						
			D	差						
			E	未答题						
3	裁割 5 mm×20 mm×1 000 mm 玻璃条	10	A	将 5 mm×40 mm×1 000 mm 玻璃一裁为二，尺寸正确，且不碎						
			B	—						
			C	将 5 mm×40 mm×1 000 mm 玻璃一裁为二，尺寸不正确，但不碎						
			D	差						
			E	未答题						
4	落手清	4	A	工具、材料及场地处理干净						
			B	工具、材料及场地基本处理干净						
			C	工具、材料及场地有些未处理干净						
			D	差						
			E	未答题						
合计配分		40	合计得分							

等级	A（优）	B（良）	C（及格）	D（差）	E（未答题）
比值	1.0	0.8	0.6	0.2	0

“评价要素”得分＝配分×等级比值。

第 5 部分

理论知识考试模拟试卷及答案

油漆工（五级）理论知识试卷

注　意　事　项

1. 考试时间：90 min。
2. 请首先按要求在试卷的标封处填写您的姓名、准考证号和所在单位的名称。
3. 请仔细阅读各种题目的回答要求，在规定的位置填写您的答案。
4. 不要在试卷上乱写乱画，不要在标封区填写无关的内容。

	一	二	总分
得分			

得分	
评分人	

一、判断题（第 1 题～第 60 题。将判断结果填入括号中。正确的填“√”，错误的填“×”。每题 0.5 分，满分 30 分）

1. 点画线中，细点画线表达的是可见轮廓线和剖切符号线。（　　）
2. 在建筑总平面图和首层建筑平面图上，一般都画有指北针。（　　）
3. 图样上的尺寸必须以米为单位。（　　）

4. 标高符号表示建筑物某一部位的高度。 （ ）

5. 一座建筑物的施工和管理需要全套建筑工程施工图作指导。 （ ）

6. 建筑总说明对涂料工程施工来说不是很重要。 （ ）

7. 房屋建筑的剖面图，因剖切位置不同，可分为横剖切面图和纵剖切面图。 （ ）

8. 一般民用建筑使用的楼板有混凝土楼板和木楼板。 （ ）

9. 门的主要功能是采光和通风。 （ ）

10. 虫胶清漆属于油酯漆类。 （ ）

11. 颜料是涂料中的固体部分，可以单独构成涂膜。 （ ）

12. C04-2 表示醇酸磁漆。 （ ）

13. 清漆是一种含颜料的不透明油漆。 （ ）

14. 腻子一般由体质颜料（填料）和少量胶粘剂配制而成。 （ ）

15. 溶剂主要起到胶粘材料的作用。 （ ）

16. 平板玻璃主要装配在一般建筑工程的内外钢、木门窗上。 （ ）

17. 油灰是固定门窗玻璃用的一种油性腻子。 （ ）

18. 纸面纸基壁纸不耐水，施工难度大。 （ ）

19. 塑料壁纸是以聚氯乙烯为塑料面膜的。 （ ）

20. 水砂纸常用于对基层处理的打磨。 （ ）

21. 排笔有每排 4～10 管等多种规格。 （ ）

22. 铲刀又称油灰刀，是由木柄和铁板相连接而成。 （ ）

23. 辊具是将涂料滚涂到抹灰面等装饰物表面上，以期达到各种装饰效果的一种手工工具。 （ ）

24. 手工除锈是一种劳动强度低、工效高的作业。 （ ）

25. 木折尺、钢卷尺属于玻璃施工中的常用工具，主要用于量取玻璃尺寸。 （ ）

26. 裁划 4～8 mm 平板玻璃，一般选用 4 号玻璃刀。 （ ）

27. 刮板可用薄钢皮、塑料、胶木等材料制成。 （ ）

28. 裱糊壁纸常用的工具有：工作台、钢直尺、活动裁纸刀、刮板、线锤、毛巾、水桶等。 （ ）

29. 合梯又称高凳，有木制梯和金属梯之分。（　）

30. 石膏油腻子由生石膏、生桐油、溶剂等组成。（　）

31. 嵌补虫胶漆腻子，要将洞眼填满并略平于物面。（　）

32. H07-5各色醇酸腻子，主要适用于金属面的填平嵌批。（　）

33. 大白浆是由硫酸钙加胶粘剂和水组成的。（　）

34. 用石灰膏调配的石灰浆的质量不如用生石灰块调配的石灰浆的质量好。（　）

35. 调配虫胶清漆时，先将虫胶片放入容器中，然后再加入酒精即可。（　）

36. 对于腻子复嵌部位，可以直接施涂面漆。（　）

37. 对于开启的清油、铅油及调和漆，使用时应充分搅拌，尤其是用做面漆时。（　）

38. 满批腻子一般采用石膏腻子。（　）

39. 打磨头道清漆面，由于清漆干后较硬，应选用新的1.5号木砂纸打磨。（　）

40. 旧涂膜脱洗干净后，根据清色和混色要求用腻子进行嵌批。（　）

41. 如有拼缝、凹凸不平处，用厚质石膏腻子进行复嵌。（　）

42. 清色漆满批腻子，第一遍批质地较厚的石膏油腻子，第二遍批质地较薄的石膏油腻子。（　）

43. 木质顶棚面一般有几何形、阶梯形及钻孔形等类型，这就要求在满批时区别对待。（　）

44. 打磨红丹防锈漆涂膜时，要特别注意做好防尘保护工作。（　）

45. 施涂槽缝处面漆时，蘸油量不宜太多，以免漆液流淌、滴落。（　）

46. 镀锌铁皮的面漆如为深色调和漆，应施涂三遍。（　）

47. 如果基层抹灰面高低悬殊，则必须用腻子批平整。（　）

48. 施涂铅油时，新、旧漆刷都可用。（　）

49. 油性涂料及溶剂属有毒、易燃物品，应集中保管，仓库重地严禁烟火。（　）

50. 清水砖墙面喷浆时，因为砖墙面吸水性较强，所以喷涂用的石灰浆要厚些。（　）

51. 石膏板防潮剂的配合比是熟桐油：松香水＝1：1。（　）

52. 墙面上较大的孔隙或裂缝均需一次用腻子批补。（　）

53. 施涂墙面涂料时必须均匀、不漏涂并一气涂成。（　）

54. 装饰空间小的房间时，壁纸的图案应细密小巧一些。（ ）

55. 抹灰面基本干燥后，含水率应低于10%。（ ）

56. 不论何种材质的壁纸，上墙前必须先将壁纸浸水预胀。（ ）

57. 裁划2～3 mm厚的平板玻璃，用1号或2号玻璃刀和15 mm×40 mm的直尺。（ ）

58. 对已裁划好的玻璃，应分规格叠加平放。（ ）

59. 安装门窗玻璃或隔断玻璃时，将梯子靠在门窗扇或玻璃框上。（ ）

60. 裁划出来的玻璃边口很锋利，易伤人，不能触摸，所以必须将边口的锐利处磨钝才能使用。（ ）

得分	
评分人	

二、单项选择题（第1题～第70题。选择一个正确的答案，将相应的字母填入题内的括号中。每题1分，满分70分）

1. 细点画线可用于表达（ ）。

A. 中心线　B. 可见轮廓线　C. 断开界线　D. 不可见轮廓线

2. 剖切符号应以（ ）线绘制。

A. 细虚　B. 波浪　C. 粗实　D. 点画

3. 标高尺寸数字一般保留小数点后（ ）位数。

A. 1　B. 2　C. 3　D. 4

4. 常用构、配件代号中，柱间支撑的代号为（ ）。

A. ZC　B. ZJ　C. ZJC　D. ZJZC

5. 建筑总说明以（ ）、表格表达为主。

A. 代号　B. 图例　C. 文字　D. 符号

6. 建筑立面图的命名有（ ）种。

A. 1　B. 2　C. 3　D. 4

7. 建筑施工详图的常用比例为（ ）。

A. 1∶25　B. 1∶4　C. 1∶10　D. 1∶5

8. （　　）缝包括伸缩缝、沉降缝和防震缝。

A. 分仓　B. 变形　C. 开裂　D. 装饰

9. 砖基础用的是（　　）砂浆。

A. 石灰　B. 混合　C. 水泥　D. 粉煤灰

10. 房屋建筑的屋面按材质分有（　　）屋面和刚性屋面两大类。

A. 柔性　B. 塑性　C. 硬性　D. 半硬性

11. 体质颜料中滑石粉的化学名称为（　　）。

A. 硫酸钙　B. 碳酸钙　C. 氧化镁　D. 硅酸镁

12. 涂料的型号由三部分组成，其中第一部分是成膜物质，用（　　）字母表示。

A. 英文　B. 汉语拼音　C. 希腊　D. 拉丁

13. 存放建筑涂料的库房，其温度一般以（　　）℃为宜。

A. −5～10　B. −15～40　C. 5～23　D. 15～40

14. 酚醛清漆又称（　　）。

A. 油脂　B. 光明漆　C. 永明漆　D. 明漆

15. 腻子是涂饰不可缺少的材料，一般由涂料生产厂家（　　）生产供应。

A. 配合　B. 配比　C. 配套　D. 提前

16. 熟桐油就是（　　）。

A. 清漆　B. 光油　C. 熟油　D. 清油

17. 调配腻子用的水，其 pH 值为（　　）。

A. 1　B. 3　C. 5　D. 7

18. 玻璃以（　　）、纯碱、长石、石灰石等为主要原料。

A. 河沙　B. 石英砂　C. 黄沙　D. 海沙

19. 油灰应具有一定的（　　）和耐老化性。

A. 着色性　B. 附着性　C. 弹性　D. 遮盖性

20. 玻璃越厚，透光率越（　　）。

A. 小　B. 强　C. 大　D. 好

21. 普通塑料壁纸是以（　　）g/m^2 的纸作基材。

A. 80　　B. 90　　C. 100　　D. 150

22. 聚氯乙烯塑料壁纸的物理性能包括（　　）。

A. 气泡　　B. 露底　　C. 退色　　D. 露印

23. 羧甲基纤维素又名（　　）。

A. 糨糊　　B. 化学糨糊　　C. 胶　　D. 粘接剂

24. （　　）号水砂纸可用于硝基漆面最后一遍打磨。

A. 180　　B. 280　　C. 320　　D. 400

25. 施涂抹灰面或大面积的地面，一般选用（　　）英寸的油漆刷。

A. 1.5　　B. 2　　C. 2.5　　D. 3

26. 油画笔可以代替（　　）尺寸的油漆刷。

A. 小　　B. 中　　C. 大　　D. 较大

27. 漆刷又名（　　），是以施涂大漆为主的一种刷具。

A. 油刷　　B. 板刷　　C. 直刷　　D. 国漆刷

28. 钢皮批板一般选用厚度为（　　）mm 的钢皮较适中。

A. 0.15　　B. 0.35　　C. 0.45　　D. 0.55

29. 裁割圆形玻璃所用工具是（　　）。

A. 玻璃刀　　B. 割刀　　C. 圆规刀　　D. 电动刀

30. 木门窗安装玻璃时，用来固定钉子的工具是（　　）。

A. 钢丝钳　　B. 铁锤　　C. 木块　　D. 刨刀

31. 安装大块橱窗玻璃时，要用（　　）搬运、安装。

A. 手套　　B. 绳子　　C. 吸盘　　D. 起重机

32. 裱糊壁纸常用工具中，钢直尺一般选用（　　）mm。

A. 10　　B. 100　　C. 1 000　　D. 10 000

33. （　　）是用来弹墙面竖向线的工具。

A. 线锤　　B. 木尺　　C. 钢尺　　D. 线

34. 合梯一般分为 5 档、7 档、9 档和 11 档等多种，常用的合梯是（　　）档。

A. 5　　B. 7　　C. 9　　D. 11

35. 虫胶漆腻子是由虫胶漆和（　　）加颜料调拌而成的。

A. 石膏粉　　B. 胶粉　　C. 老粉　　D. 水粉

36. 一般涂饰中已很少用或不用（　　）腻子。

A. 血料　　B. 油粉　　C. 老粉　　D. 水粉

37. 石膏油腻子的干燥时间在常温下一般不超过（　　）h。

A. 12　　B. 24　　C. 36　　D. 48

38. 冬季施涂石灰浆时，为了防止刷后结冰，可在石灰浆内加入适量的（　　）。

A. 墨汁　　B. 六偏磷酸钠　　C. 明矾　　D. 食盐

39. 用于（　　）的虫胶漆可配成虫胶片：酒精＝1：7～1：8。

A. 理平见光　　B. 涂揩

C. 高气温环境　　D. 嵌批、拼色、调腻子

40. 调配带色大白浆，选用的颜料必须要有良好的（　　）性。

A. 耐酸　　B. 耐碱　　C. 耐腐蚀　　D. 耐久

41. 腻子的嵌批要等清油干燥后用（　　）号砂纸打磨并清理干净后方能进行。

A. 11/2　　B. 2　　C. 3　　D. 4

42. 铅油中的油分只占总重量的（　　）。

A. 5％～10％　　B. 10％～20％　　C. 20％～30％　　D. 30％～40％

43. 各工艺之间应安排足够的干燥时间，以免产生（　　）现象。

A. 混色　　B. 变色　　C. 清色　　D. 本色

44. 水老粉的质量比为老粉：水＝1：0.8～1：（　　）。

A. 1　　B. 1.2　　C. 1.3　　D. 1.4

45. 腻子中的油料应适量，以防因（　　）过多而干燥慢，不易磨净。

A. 油料　　B. 颜料　　C. 石膏　　D. 配料

46. 常温下酚醛清漆需经（　　）h后方能干燥。

A. 6　　B. 12　　C. 18　　D. 24

47. 对于混色漆，可直接在腻子疤及被砂纸磨损的部位补刷经配色的（　　）。

A. 油色　　B. 水色　　C. 铅油　　D. 补色

48. 对于木材中树脂的处理，适用于木材表面混色涂料装饰的方法是（ ）。

A. 烧铲法 B. 溶剂法 C. 碱烧法 D. 酸洗法

49. 施涂地板油漆，应在施涂前关好（ ）。

A. 门 B. 窗 C. 灯 D. 空调

50. 施涂底油时可使用（ ）。

A. 油漆刷 B. 排笔 C. 鬃刷 D. 漆刷

51. 对于固定顶棚面板的螺钉或铁钉，应将钉帽钉入板面（ ）mm。

A. 0.5～1.5 B. 2～3 C. 3～4 D. 4～5

52. 钢门窗用的腻子，最好加入（ ）的防锈漆，以增强腻子的防锈能力。

A. 2% B. 3% C. 4% D. 5%

53. 在冬季涂刷室外部位时，一般（ ）点以后不能再施涂调和漆。

A. 8 B. 12 C. 16 D. 20

54. 钢门施涂防锈漆，应先刷（ ）。

A. 油灰 B. 门板 C. 侧边 D. 上下冒头

55. 调配好的磷化底漆需存放（ ）min，经化学反应后才能使用。

A. 10 B. 20 C. 30 D. 60

56. 施涂过血料水或抄过清油的基层面，能节省（ ）的铅油。

A. 5%～10% B. 10%～20% C. 20%～30% D. 30%～40%

57. 满批腻子时每次批刮的厚度不宜超过（ ）mm。

A. 1 B. 2 C. 3 D. 4

58. 施涂抹灰面调和漆时，一般选用（ ）mm 的油漆刷为好。

A. 25～38 B. 38～50 C. 50～76 D. 76～100

59. 砼和抹灰面施涂溶剂型涂料时，含水率不得大于（ ）。

A. 8% B. 10% C. 12% D. 15%

60. 清除抹灰面的旧涂膜，可采用（ ）。

A. 火喷法 B. 刀铲法 C. 脱漆法 D. 碱洗法

61. 如果乳胶漆稠度过大，可加适量清水，但最大加入量不得超过（ ）。

A. 10% B. 20% C. 30% D. 40%

62. 室外墙面嵌补腻子的配比为白水泥：801胶=2：（ ）。

A. 1 B. 2 C. 3 D. 4

63. 常温下约（ ）h后底涂料即干透。

A. 1 B. 2 C. 2～3 D. 4～6

64. 裱糊壁纸用的胶粘剂的质量配比是107胶：纤维素：水=10：1：（ ）。

A. 5 B. 8 C. 12 D. 15

65. 用底胶或底油做封闭处理，可防止抹灰面层渗吸水分和产生（ ）等质量问题。

A. 脱胶 B. 脱水 C. 脱油 D. 脱脂

66. 对于一般房屋顶棚，可在顶棚的长度和宽度方向弹出（ ）。

A. 平整线 B. 垂直线 C. 水平线 D. 中心线

67. 安装天窗玻璃时，在两块玻璃的搭接处要注意（ ）。

A. 逆水搭接 B. 顺水搭接 C. 平接 D. 对接

68. 普通门窗玻璃和花玻璃是指长2 m以内、厚（ ）mm的平板玻璃。

A. 2～3 B. 3～4 C. 4～5 D. 5～6

69. 若玻璃框为400 mm×400 mm，则实际裁划净尺寸为（ ）。

A. 400 mm×400 mm B. 397 mm×397 mm

C. 395 mm×395 mm D. 390 mm×390 mm

70. 玻璃磨边常用的方法是（ ）。

A. 砂轮磨边法 B. 砂纸磨边法

C. 铁砂纸磨边法 D. 水砂纸磨边法

油漆工（五级）理论知识试卷答案

一、判断题（第1题～第60题。将判断结果填入括号中。正确的填“√”，错误的填“×”。每题0.5分，满分30分）

1. ×	2. √	3. ×	4. √	5. √	6. ×	7. √	8. ×	9. ×
10. ×	11. ×	12. √	13. ×	14. √	15. ×	16. √	17. √	18. √
19. √	20. ×	21. ×	22. √	23. √	24. ×	25. √	26. ×	27. √
28. √	29. √	30. ×	31. ×	32. ×	33. ×	34. √	35. ×	36. ×
37. √	38. ×	39. ×	40. √	41. ×	42. √	43. √	44. √	45. √
46. ×	47. ×	48. √	49. √	50. ×	51. ×	52. ×	53. √	54. √
55. ×	56. ×	57. ×	58. ×	59. ×	60. √			

二、单项选择题（第1题～第70题。选择一个正确的答案，将相应的字母填入题内的括号中。每题1分，满分70分）

1. A	2. C	3. C	4. A	5. C	6. C	7. C	8. B	9. B
10. A	11. D	12. B	13. C	14. C	15. C	16. B	17. D	18. B
19. B	20. A	21. A	22. C	23. B	24. D	25. D	26. A	27. D
28. B	29. C	30. D	31. C	32. C	33. A	34. A	35. C	36. A
37. B	38. D	39. A	40. B	41. A	42. B	43. A	44. A	45. A
46. D	47. C	48. C	49. B	50. B	51. A	52. D	53. C	54. D
55. C	56. B	57. B	58. D	59. A	60. B	61. B	62. A	63. D
64. C	65. A	66. D	67. B	68. D	69. B	70. A		

第 6 部分

操作技能考核模拟试卷

注 意 事 项

1. 考生根据操作技能考核通知单中所列的试题做好考核准备。

2. 请考生仔细阅读试题单中具体考核内容和要求，并按要求完成操作或进行笔答或口答，若有笔答请考生在答题卷上完成。

3. 操作技能考核时要遵守考场纪律，服从考场管理人员指挥，以保证考核安全顺利进行。

注：操作技能鉴定试题评分表及答案是考评员对考生考核过程及考核结果的评分记录表，也是评分依据。

国家职业资格鉴定

油漆工（五级）操作技能考核通知单

姓名：

准考证号：

考核日期：

试题 1

试题代码：1.1.7。

试题名称：常用树脂溶剂的识别。

考核时间：40 min。

配分：20 分。

试题 2

试题代码：1.2.7。

试题名称：常用裱糊工具的选用。

考核时间：20 min。

配分：10 分。

试题 3

试题代码：2.1.2。

试题名称：调配石膏油腻子（批料）。

考核时间：90 min。

配分：30 分。

试题 4

试题代码：3.3.1。

试题名称：裱糊壁纸。

考核时间：150 min。

配分：40 分。

油漆工（五级）操作技能鉴定

试　题　单

试题代码：1.1.7。

试题名称：常用树脂溶剂的识别。

考核时间：40 min。

1. 操作条件

（1）设置一工作台。

（2）统一型号透明玻璃瓶8只，每只瓶上分别贴有1～8的编号标签。

（3）8只瓶中分别放入酒精、清水、二甲苯、松香水、香蕉水、松节油、丙酮、煤油8种树脂溶剂，并将这些溶剂随意放在工作台上。

（4）每位考生发一份答题纸，考生根据所学知识及操作经验，按操作要求，把8只瓶中的不同树脂溶剂识别出来，并将瓶上所贴标签编号填入答题纸上所印的材料名称旁的空栏内。

（5）根据给定的条件，在规定的时间内完成识别。

2. 操作内容

（1）酒精的识别。

（2）二甲苯的识别。

（3）香蕉水的识别。

（4）丙酮的识别。

3. 操作要求

（1）在2只玻璃瓶中分别放入两种溶剂，要求正确识别出酒精。

（2）在2只玻璃瓶中分别放入两种溶剂，要求正确识别出二甲苯。

（3）在2只玻璃瓶中分别放入两种溶剂，要求正确识别出香蕉水。

（4）在2只玻璃瓶中分别放入两种溶剂，要求正确识别出丙酮。

油漆工（五级）操作技能鉴定

答　题　卷

试题代码：1.1.7。

试题名称：常用树脂溶剂的识别。

工位号：　　　　　　　　　　　　准考证号：

（1）酒精的识别。

材料名称	编号（考生填写）
酒精	

（2）二甲苯的识别。

材料名称	编号（考生填写）
二甲苯	

（3）香蕉水的识别。

材料名称	编号（考生填写）
香蕉水	

（4）丙酮的识别。

材料名称	编号（考生填写）
丙酮	

油漆工（五级）操作技能鉴定

试题评分表及答案

考生姓名：　　　　　　　　　准考证号：

试题代码及名称		1.1.7　常用树脂溶剂的识别			考核时间					40 min
评价要素		配分	等级	评分细则	评定等级					得分
					A	B	C	D	E	
1	酒精的识别	5	A	识别正确						
			B	—						
			C	—						
			D	差						
			E	未答题						
2	二甲苯的识别	5	A	识别正确						
			B	—						
			C	—						
			D	差						
			E	未答题						
3	香蕉水的识别	5	A	识别正确						
			B	—						
			C	—						
			D	差						
			E	未答题						
4	丙酮的识别	5	A	识别正确						
			B	—						
			C	—						
			D	差						
			E	未答题						
合计配分		20	合计得分							

考评员（签名）：

等级	A（优）	B（良）	C（及格）	D（差）	E（未答题）
比值	1.0	0.8	0.6	0.2	0

“评价要素”得分＝配分×等级比值。

油漆工（五级）操作技能鉴定

试 题 单

试题代码：1.2.7。

试题名称：常用裱糊工具的选用。

考核时间：20 min。

1. 操作条件

（1）设置一工作台。

（2）将6英寸绒毛滚筒、12英寸滚筒、塑料刮板、钢批板、8管排笔、12管排笔、16管排笔7件工具分别贴上1～7的编号标签，并将这些工具随意放在工作台上。

（3）每位考生发一份答题纸，考生根据所学知识及操作经验，按操作要求，选用合适工具，并将所选工具上所贴标签编号填入答题纸上所印的工具名称旁的空栏内。

（4）根据给定的条件，在规定的时间内完成选用。

2. 操作内容

（1）胶粘剂上墙工具的选用。

（2）刮压壁纸工具的选用。

（3）壁纸背面浸水工具的选用。

3. 操作要求

（1）将常用裱糊工具放在工作台上，要求正确选出胶粘剂上墙工具。

（2）将常用裱糊工具放在工作台上，要求正确选出刮压壁纸工具。

（3）将常用裱糊工具放在工作台上，要求正确选出壁纸背面浸水工具。

油漆工（五级）操作技能鉴定

试题评分表及答案

考生姓名：　　　　　　　　　　准考证号：

试题代码及名称		1.2.7　常用裱糊工具的选用		考核时间					20 min
评价要素	配分	等级	评分细则	评定等级					得分
				A	B	C	D	E	
1　胶粘剂上墙工具的选用	3	A	选用正确						
		B	—						
		C	—						
		D	差						
		E	未答题						
2　刮压壁纸工具的选用	3	A	选用正确						
		B	—						
		C	—						
		D	差						
		E	未答题						
3　壁纸背面浸水工具的选用	4	A	选用正确						
		B	—						
		C	—						
		D	差						
		E	未答题						
合计配分	10	合计得分							

考评员（签名）：

等级	A（优）	B（良）	C（及格）	D（差）	E（未答题）
比值	1.0	0.8	0.6	0.2	0

“评价要素”得分＝配分×等级比值。

油漆工（五级）操作技能鉴定

试 题 单

试题代码：2.1.2。

试题名称：调配石膏油腻子（批料）。

考核时间：90 min。

1. 操作条件

（1）400 mm×400 mm 调配腻子夹板 1 块、3 英寸嵌刀 2 把、2 英寸油漆刷 1 把、塑料小桶 1 只。

（2）老粉、石膏粉各 50 g，熟桐油 50 g，白胶 50 g，清水 500 g。

（3）一人一考位，将以上材料放在各自考位上。

（4）根据给定的条件，在规定的时间内独立完成。

2. 操作内容

（1）材料选用。

（2）调配顺序。

（3）腻子调配。

（4）落手清。

3. 操作要求

（1）材料选用：要求体质颜料选用正确。

（2）调配顺序：要求调配顺序正确。

（3）腻子调配：要求调配石膏油腻子（批料）软硬适当，无过烂、豆屑状现象。

（4）落手清：要求工具、材料及场地处理干净。

油漆工（五级）操作技能鉴定

试题评分表及答案

考生姓名：　　　　　　　　　　准考证号：

试题代码及名称		2.1.2　调配石膏油腻子（批料）			考核时间					90 min
评价要素		配分	等级	评分细则	评定等级					得分
					A	B	C	D	E	
1	材料选用	7	A	选用正确						
			B	—						
			C	—						
			D	差						
			E	未答题						
2	调配顺序	7	A	调配顺序正确						
			B	—						
			C	调配顺序基本正确						
			D	差						
			E	未答题						
3	腻子调配	12	A	调配腻子软硬适当						
			B	调配腻子软硬基本适当						
			C	调配腻子过软						
			D	差						
			E	未答题						
4	落手清	4	A	工具、材料及场地处理干净						
			B	工具、材料及场地基本处理干净						
			C	工具、材料及场地有些未处理干净						
			D	差						
			E	未答题						
合计配分		30	合计得分							

考评员（签名）：

等级	A（优）	B（良）	C（及格）	D（差）	E（未答题）
比值	1.0	0.8	0.6	0.2	0

“评价要素”得分＝配分×等级比值。

油漆工（五级）操作技能鉴定

试　题　单

试题代码：3.3.1。

试题名称：裱糊壁纸。

考核时间：150 min。

1. 操作条件

（1）在已抄过油的墙面上裱糊壁纸，墙高不低于 2 m。

（2）每人粘贴不少于 2 幅壁纸。

（3）根据给定的墙面和材料，在规定的时间内完成裱糊壁纸。

2. 操作内容

（1）衡量距离。

（2）调配胶水。

（3）刷胶水。

（4）粘贴。

（5）划裁。

（6）落手清。

3. 操作要求

（1）衡量距离：要求正确量准壁纸宽度和垂直线。

（2）调配胶水：要求按正确比例配制胶水。

（3）刷胶水：要求刷胶水顺序正确，不漏、不挂。

（4）粘贴：要求粘贴顺序正确，无倒花、叠缝、离缝、皱褶、毛边、气泡。

（5）划裁：要求划裁准足，无抽丝。

（6）落手清：要求工具、材料及场地处理干净。

油漆工（五级）操作技能鉴定

试题评分表及答案

考生姓名：　　　　　　　　　　准考证号：

试题代码及名称		3.3.1　裱糊壁纸			考核时间					150 min
评价要素		配分	等级	评分细则	评定等级					得分
					A	B	C	D	E	
1	衡量距离	6	A	衡量距离正确						
			B	—						
			C	—						
			D	差						
			E	未答题						
2	调配胶水	6	A	调配胶水比例正确						
			B	—						
			C	调配胶水比例基本正确						
			D	差						
			E	未答题						
3	刷胶水	6	A	刷胶水顺序正确，不漏、不挂						
			B	刷胶水顺序基本正确，不漏、不挂						
			C	刷胶水顺序基本正确，有少量漏、挂现象						
			D	差						
			E	未答题						
4	粘贴	12	A	粘贴顺序正确，无倒花、叠缝、离缝、皱褶、毛边、气泡						
			B	粘贴顺序基本正确，无倒花、叠缝、离缝、皱褶、毛边、气泡						
			C	粘贴顺序基本正确，有少量倒花、叠缝、离缝、皱褶、毛边、气泡现象						

续表

试题代码及名称		3.3.1　裱糊壁纸			考核时间					150 min
评价要素		配分	等级	评分细则	评定等级					得分
					A	B	C	D	E	
4	粘贴		D	差						
			E	未答题						
5	划裁	6	A	划裁准足，无抽丝						
			B	—						
			C	划裁基本准足，有轻微抽丝						
			D	差						
			E	未答题						
6	落手清	4	A	工具、材料及场地处理干净						
			B	工具、材料及场地基本处理干净						
			C	工具、材料及场地有些未处理干净						
			D	差						
			E	未答题						
合计配分		40	合计得分							

考评员（签名）：

等级	A（优）	B（良）	C（及格）	D（差）	E（未答题）
比值	1.0	0.8	0.6	0.2	0

“评价要素”得分＝配分×等级比值。

中国劳动社会保障出版社

敬请关注

隆重推出“1+X职业技能鉴定考核指导手册”

序号	书　名	序号	书　名
1	保育员（四级）	32	美容师（四级）
2	保育员（五级）	33	美容师（五级）
3	叉车司机（四级）	34	秘书（四级）
4	叉车司机（五级）	35	秘书（五级）
5	车工（四级）	36	模具设计师（冷冲模）（三级）
6	车工（五级）	37	模具设计师（注塑模）（三级）
7	电切削工（四级）	38	母婴护理（专项能力）
8	电切削工（五级）	39	汽车驾驶员（三级）
9	调酒师（五级）	40	汽车维修工（三级）
10	工具钳工（冷冲模）（三级）	41	汽车维修工（四级）
11	工具钳工（冷冲模）（四级）	42	汽车维修工（五级）
12	工具钳工（注塑模）（三级）	43	钳工（四级）
13	工具钳工（注塑模）（四级）	44	钳工（五级）
14	呼叫服务员（四级）	45	软件测试人员（.NET）（三级）
15	呼叫服务员（五级）	46	软件测试人员（.NET）（四级）
16	花卉园艺工（五级）	47	软件测试人员（Java）（三级）
17	会务接待服务员（四级）	48	软件测试人员（Java）（四级）
18	会务接待服务员（五级）	49	摄影师（四级）
19	会展策划师（四级）	50	摄影师（五级）
20	计算机安装调试维修员（四级）	51	室内装饰设计员（四级）
21	计算机安装调试维修员（五级）	52	室内装饰设计员（五级）
22	计算机程序程序设计员（.NET）（三级）	53	数据库管理人员（Oracle）（三级）
23	计算机程序程序设计员（.NET）（四级）	54	数据库管理人员（Oracle）（四级）
24	计算机程序程序设计员（Java）（三级）	55	数据库管理人员（SQL Server）（三级）
25	计算机程序程序设计员（Java）（四级）	56	数据库管理人员（SQL Server）（四级）
26	技师公共模块	57	数控车工（三级）
27	加工中心操作工（三级）	58	数控车工（四级）
28	加工中心操作工（四级）	59	数控铣工（三级）
29	建（构）筑物消防员（五级）	60	数控铣工（四级）
30	建筑物清洁保养工（五级）	61	数码影像技术人员（四级）
31	美发师（五级）	62	水电工（五级）

续表

序号	书　名	序号	书　名
63	天车工（四级）	94	花艺环境设计师（四级）
64	天车工（五级）	95	化工生产运行员（四级）
65	网页设计制作员（三级）	96	化工生产运行员（五级）
66	网页设计制作员（四级）	97	化妆师（四级）
67	维修电工（三级）	98	化妆师（五级）
68	维修电工（四级）	99	计算机网络技术员（三级）
69	维修电工（五级）	100	计算机网络技术员（四级）
70	无线电装接工（五级）	101	家政服务员（四级）
71	眼镜验光员（四级）	102	家政服务员（五级）
72	眼镜验光员（五级）	103	绿化工（初级）
73	医药商品购销员（四级）	104	绿化工（中级）
74	医药商品购销员（五级）	105	汽车配件销售员（五级）
75	育婴师（四级）	106	商品营业员（超级市场类）（五级）
76	育婴师（五级）	107	室内装饰装修质量检验员（三级）
77	珠宝首饰营业员（五级）	108	室内装饰装修质量检验员（四级）
78	保健按摩师（四级）	109	停车场管理员（四级）
79	保健按摩师（五级）	110	停车场管理员（五级）
80	仓库保管工（初级）	111	网络编辑员（三级）
81	仓库保管工（中级）	112	网络编辑员（四级）
82	插花员（四级）	113	维修电工（初级）
83	插花员（五级）	114	维修电工（中级）
84	电子商务员（初级）	115	西式面点师（四级）
85	电子商务员（中级）	116	西式面点师（五级）
86	废水处理工（四级）	117	养老护理员（四级）
87	废水处理工（五级）	118	养老护理员（五级）
88	服装设计定制工（四级）	119	中式面点师（四级）
89	服装设计定制工（五级）	120	中式面点师（五级）
90	广告设计师（四级）	121	中式烹调师（三级）
91	护林工（初级）	122	中式烹调师（四级）
92	护林工（中级）	123	中式烹调师（五级）
93	花艺环境设计师（三级）		